Dr. Cornelius Granig

Böses Geld

Dr. Cornelius Granig

BÖSES GELD

K&S

INHALT

– 1 –

Märchenhafte Anfänge

„Das Paradies der Anleger“ (OneCoin), „Die Neuerfindung des Zahlungsverkehrs“ (Wirecard), „Wirklich private Zahlungen“ (Liberty Reserve), „Der Zugriff auf die billigste Energie“ (Envion): Große Betrugsfälle der neuen Finanzwelt suggerierten in ihren Werbebotschaften immer wieder, dass es bei ihnen um große Innovation und bahnbrechende Neuigkeiten ging. Allerdings könnte man leicht auch Vergleiche zu den Betrügern finden, die in Hans Christian Andersens 1837 publiziertem Märchen „Des Kaisers neue Kleider“ auftreten und dort Sagenhaftes versprechen:

> *„Eines Tages kamen auch zwei Betrüger, diese gaben sich für Weber aus und sagten, dass sie das schönste Zeug, welches man sich denken könne, zu weben verstanden. [...] Sie stellten auch zwei Webstühle auf, taten, als ob sie arbeiteten; aber sie hatten nicht das Geringste auf dem Stuhle. Dennoch verlangten sie die feinste Seide und das prächtigste Gold, dieses steckten sie in ihre eigene Tasche und arbeiteten an den leeren Stühlen bis spät in die Nacht hinein.“*[1]

Die „Weber“ in Andersens Märchen arbeiteten an Kleidern, die niemals real existieren würden. Die modernen dubiosen Weber sind heute mit dem World Wide Web und mit Projekten der Digitalisierung verbunden, die für unsere Gesellschaft sehr wichtig sind. Ihre Vorgehensweise ist allerdings sehr ähnlich:

- In möglichst lauten, aber intransparenten Ankündigungen wird etwas tolles Neues oder die Wiedererfindung von etwas Bestehendem in einer viel besseren Form versprochen.
- Kritiker werden zumeist schroff in ihre Schranken verwiesen - mit dem Hinweis, sie würden wesentliche zukunftsträchtige Vorhaben nicht verstehen.
- Häufig wird auch darauf Bezug genommen, dass nur Neider oder verstoßene Mitarbeiter versuchten, mit negativen Äußerungen einem Projekt zu schaden.
- Je mehr Geld eingesammelt wird oder in den Firmen steckt, desto mehr wird das in den Vordergrund gespielt - „too big to fail" lautet die Devise.
- Am Ende bleibt den Betrogenen zumeist nicht viel - sie sind wie in Andersens Erzählung „nackt" und können oft erst am Ende erkennen, dass sie viele Warnsignale übersehen haben und nun alles für sie verloren ist.

Dass das möglich ist, hat viel mit der Entwicklung der Menschheit zu tun. Das Internet ist inzwischen in der Mitte unserer Gesellschaft angekommen und breitet sich weiterhin mit großer Geschwindigkeit in alle Richtungen aus. Es gibt den Benutzern die Möglichkeit, sehr viel neues Wissen zu erlangen und die neuen Informations- und Kommunikationstechnologien für viele wichtige Aspekte des täglichen Lebens zu nutzen. Das hat viele gute Seiten, wie wir gerade während der Corona-Pandemie sehen konnten: Die moderne Technik ermöglichte es Menschen in vielen Branchen, bequem von zu Hause aus weiterzuarbeiten, während physische Zusammentreffen nicht möglich gewesen wären. Die Logistiker liefen zur Höchstform auf, wickelten Millionen von Bestellungen elektronisch ab, und fast jeder kleine Laden offeriert heutzutage über eine Webseite elektronische Bestellmöglichkeiten.

Während die neuen Informations- und Kommunikationstechnologien die Informationsgesellschaft als eine positive Insel der Seligen erscheinen lassen, haben sie aber auch ihre Schattenseiten. Dabei geht es einerseits um die Exklusion von Menschen, die daran aufgrund ihrer Fertigkeiten, ihres Einkommens oder ihrer Kultur nicht teilnehmen können und sich damit an den Rändern der „digitalen Kluft“ bewegen. Andererseits kommt es zu einem immer größer werdenden Technologiemissbrauch, um Menschen um ihr Hab und Gut zu bringen. Dieser findet einerseits in der Welt der ↗Kryptowährungen statt, die von vielen Anlegern nicht verstanden werden, und manchmal nur getarnte Pyramidenspiele sind. Andererseits gibt es eine große Zahl von neuen elektronischen Dienstleistern, die als FinTechs Anleger und Kunden begeistern – in einigen Fällen aber leider große Betrugsmaschen kaschieren. Während die Auftraggeber oder Investoren lang daran glauben, dass die Projekte und Vorhaben gedeihen, gibt es überhaupt keinen Fortschritt, da Betrüger am Werk sind, die nur an einem Schein gearbeitet haben, der niemals Wirklichkeit werden sollte.

Da aber in einem Umfeld großer Hoffnungen, fast bedingungsloser Technologiegläubigkeit und enormer Gier schon das Infragestellen von Innovationen als Zeugnis von Unfähigkeit oder als Ausdruck des Unwissens des Fragestellers interpretiert wird, kann der unwirkliche Schein lange aufrechterhalten werden. Zumeist geht das so lange, bis entweder so viel Geld angesammelt wurde, dass die Betrüger damit flüchten, oder aber bis das ganze Konstrukt zusammenbricht, weil kein neues Geld nachkommt.

„Aber er hat ja nichts an!“, sagt das Kind im Märchen „Des Kaisers neue Kleider“, als es den betrogenen Kaiser sieht, der sich mit angeblichen neuen Kleidern in der Öffentlichkeit zeigt, die kriminelle Weber für ihn gemacht haben. Solche Ansagen einer objektiven Instanz über den Entwicklungsstand von vorgeblich tollen Projekten in der Finanzwelt fehlen häufig als Korrektiv in einer Umgebung, in der viel Wert auf das Verbergen der Wahrheit gelegt wird. Zumeist verstecken sich die Betreiber hinter pseudo-fachmännischen Ausdrücken wie ↗„Series B Financing“, ↗„Initial Coin Offerings“ oder dem Eintauchen in ↗„Community Innovation Hubs“. Wenn klare Fragen über das wirkliche Kerngeschäft von Unternehmen, deren Profitabilität, die Marktreife, deren Mehrwert oder tatsächliche Alleinstellungsmerkmale aufkommen, werden diese nicht beantwortet oder die Fragesteller als rückwärtsgewandte Feinde vielversprechender Vorhaben dargestellt, die Innovation behindern.

Die milliardenschweren Kriminalfälle rund um OneCoin und Wirecard stehen beispielhaft dafür, wie Kriminelle trickreich *böses Geld* machen, das sie vorher ihren Investoren, Kunden und Freunden aus der Tasche gezogen haben. In beiden Fällen sind die Hauptprotagonisten geflohen, das Geld ist mit ihnen verschwunden. Und sie hinterlassen hunderttausende Geschädigte, die ihr lebenslang mühsam angespartes kleines Vermögen, ihre Altersversorgung, verloren haben.

OneCoin: Die Krypto-Queen aus der deutschen Provinz

Eine Eigenschaft zeichnet die Betrüger der neuen Finanzwelt, die in diesem Buch vorkommen, vor allem aus: ihre Unverschämtheit. Das lässt sich anschaulich am Beispiel der glamourösen Geschäftsfrau Ruja Ignatova illustrieren. Nachdem sie mit ihrer Familie als Kind von Bulgarien nach Deutschland gekommen war, lernte sie Deutsch, meisterte bravourös zwei Studien und ging zurück nach Bulgarien, um sich als Consultant bei der Unternehmensberatungsfirma McKinsey zu verdingen.

Dort lernte sie erstmals die Welt des großen Geldes und der ambitionierten Businesspläne kennen und fühlte sich durch diese Erfahrung solcherart gerüstet, dass sie als 30-Jährige gemeinsam mit ihrem Vater eine insolvente Gießerei im bayerischen Waltenhofen übernahm. Sie versprach der Belegschaft die Sanierung und eine großartige Zukunft. Ihre Anstrengungen bestanden aber vor allem darin, unbemerkt die noch vorhandenen werthaltigen Geräte zu verscherbeln. Der vom Amtsgericht Kempten im Jahr 2012 bestellte Insolvenzverwalter Michael Jaffé versuchte verzweifelt, die Arbeitsplätze für über hundert Mitarbeiter in dieser strukturschwachen Region zu retten, war aber leider nicht erfolgreich. Von der Gewerkschaft IG Metall wurde eine Strafanzeige wegen Veruntreuung von über einer Million Euro und wegen Betrugs gegen die nunmehrige Frau Dr. Ignatova und ihren Vater eingebracht. Die Dame verschwand über Nacht und wurde im Ort nicht mehr gesehen.

Als sie im Jahr 2016 in Deutschland schließlich wegen Betrugs rund um das Investitionsprojekt in Waltenhofen zu einer bedingten Haftstrafe verurteilt wurde, drehte sie schon längst ein anderes, noch viel größeres betrügerisches Rad. Während es damals einen ersten großen öffentlichen Hype rund um Bitcoin und mit mathematischen Algorithmen abgesichertes digitales Geld gab, gelang es Ignatova, mit OneCoin eine Pseudo-Kryptowährung ins Leben zu rufen, die über ein Multi-Level-Marketing-Konzept vertrieben wurde. Da bei den meisten Kryptowährungen die sichere Verwaltung in einer öffentlich einsehbaren dezentralen Datenbank, einer sogenannten ↗Blockchain, ein wichtiges Kriterium ist, behauptete sie, eine solche sei gerade in Entwicklung.

Dabei gab es bei OneCoin im Hintergrund gar keine Kryptowährung, und damit auch nicht die Notwendigkeit für den Betrieb einer Blockchain. Der Kurs der Währung wurde in der OneCoin-Zentrale in Sofia willkürlich festgesetzt und orientierte sich nicht am Handel mit der Währung, der ja gar nicht möglich war. Provisionen wurden für den Verkauf einem Vermittlerkonto gutgeschrieben (teilweise in Euro, teilweise in virtuellen OneCoins). Die Vermittler involvierten wiederum neue Vermittler, um noch mehr Geld zu verdienen. Ein klassisches Pyramidenspiel entstand, an dessen Spitze sich die selbsternannte Krypto-Queen Ruja Ignatova befand, die auf diese Weise über 4 Milliarden Euro von Anlegern veruntreute.

Abbildung 1: Die „Krypto-Queen“ Dr. Ruja Ignatova

Ignatova und ihre kriminelle Gang operierten mit Firmen in Steueroasen wie Dubai oder Belize. Ein ganz wesentlicher Puzzlestein im Netzwerk war auch eine unscheinbare Firma in Deutschland - die 2014 in der Kleinstadt Greven gegründete IMS GmbH - als Dreh- und Angelpunkt für ihre ↗Geldwäscheoperationen. Wie in vielen anderen Kriminalfällen geht es oft darum, Firmen in westlichen Staaten zu involvieren, die einen möglichst unscheinbaren Namen haben, und denen wichtige Infrastrukturfunktionen im mafiösen Gesamtsystem zukommen. Im Jahr 2020 gelangten Geldwäscheverdachtsmeldungen der US-amerikanischen Anti-Geldwäsche-Behörde Financial Crimes Enforcement Network (FinCEN) an die Öffentlichkeit. In diesem ↗„FinCEN-Files“ genannten Datenleck fanden Journalisten Hinweise für verdächtige Zahlungen über mehrere hundert Millionen Euro über die Firma IMS - das meiste Geld war aber schon weg:

> *„Man ermittle gegen neun Beschuldigte, wisse von 60.000 Zahlungseingängen an die IMS. […] Insgesamt hat die IMS*

International Marketing Services GmbH aufgrund der mit der Onecoin Ltd geschlossenen Vereinbarung zwischen Dezember 2015 und Dezember 2016 rund 360 Millionen Euro angenommen. Davon konnten 29 Millionen Euro auf den gesperrten Konten sichergestellt werden."[2]

Inzwischen sind rund um den Globus - in den USA, Argentinien, Deutschland und Großbritannien - Gerichtsverfahren gegen das Management von OneCoin anhängig. In einem amerikanischen Gerichtsverfahren wurde Ignatova als Hauptverantwortliche für den Aufbau eines Schneeballsystems wegen Geldwäsche und Betrugs angeklagt.[3]

Die von der *Neuen Rottweiler Zeitung* als „Cryptoqueen aus Schramberg"[4] bezeichnete Ruja Ignatova ist im Oktober 2017 nach einem Flug von Sofia nach Athen unter ungeklärten Umständen verschwunden und wird seither steckbrieflich gesucht. Bei den Ermittlungen kam zutage, dass die kriminelle Deutsch-Bulgarin mit dem Geld der betrogenen Anleger zig Millionen für Luxuswohnungen in Sofia und an der bulgarischen Schwarzmeermetropole Sozopol ausgab und riesige Partys schmiss, bei denen Popstars wie die amerikanische Sängerin Bebe Rexha auftraten.

Abbildung 2: Ruja Ignatovsa Jacht „Davina"

Besonders wichtig waren ihr auch das Reisen in Privatflugzeugen und die Nutzung der 44 Meter langen Jacht „Davina“, um Entspannung vom stressigen Alltag zu finden. Die beschriebenen Luxusinvestitionen scheinen ohnehin der Standard für die Betrüger der neuen Finanzwelt zu sein. Die Länge der Jachten ermöglicht ihnen untereinander eine einfache Einschätzung, ob jemand zu den Millionären oder schon zu den Milliardären gehört. Am Ende bleiben die Geschädigten übrig, die sich mit letzter Kraft an den Strohhalm der Hoffnung klammern, dass es gar keinen Betrug gibt, sondern nur technische Probleme, und die Wahrheit eine ganz andere sei. Bis heute werden so über Multi-Level-Marketing-Strukturen die nichtexistenten OneCoins vor allem an arme Menschen in Entwicklungsländern verkauft. Der virtuelle OneCoin-Handelsplatz DealShaker hat sogar an Momentum gewonnen. Dort kann man verbilligte Waren mit der wertlosen Währung, aber vor allem mit echtem Geld einkaufen, bis ein Gericht auch diese Seite als Teil des großen Betrugs endgültig vom Netz nehmen wird.

Ruja Ignatova hat hunderttausende Menschen arm gemacht und verprasst das *böse Geld* wohl irgendwo in einem sicheren Hafen.

Wirecard: Die Wunderknaben aus Österreich

Markus Braun, der im Jahr 2020 verhaftete Vorstandsvorsitzende des insolventen Wirecard-Konzerns, hätte die OneCoin-Gründerin Ruja Ignatova wohl wegen ihres kleinen Schiffchens belächelt: Standesgemäß bezog der Milliardär im Sommer Quartier auf der 70 Meter langen Luxusjacht „Lady S“. Damit schipperte er mit seiner Familie und auserwählten Gästen bei Kosten von einer halben Million Euro pro Woche am liebsten durchs Mittelmeer und verdrängte erfolgreich, dass in seiner Firma ein schwarzes Loch in der Bilanz klaffte. Am Ende war dieses fast 2 Milliarden Euro groß.

Abbildung 3:
Urlaubsjacht „Lady S" von Ex-Wirecard-Chef Markus Braun

Braun schien überhaupt ziemlich entrückt. Einer seiner einstmals engsten Mitarbeiter schrieb über den früheren Chef:

> *„Denn längst ist Dr. Braun von sämtlichen operativen Lebenssituationen entkoppelt. Seine Weinlieferungen erledigt der Winzer frei Haus direkt in die Keller seiner Anwesen in Kitzbühel oder Wien. Sein Schneider sitzt in London und kommt gerne zur Anprobe vorbei. Seine Wohnung in München liegt praktisch über dem Käfer-Restaurant. Da ist es doch logisch, dass die Ober einfach das Menü vorbeibringen. Markus ist vermutlich seit Jahren nicht in irgendeinem Laden oder Supermarkt gewesen. Er kauft auch nicht online ein, wie er mehrfach freimütig berichtete. Alles in seinem Leben bewegt sich locker auf ihn zu. Die dazugehörigen Rechnungen sieht er wohl nie. So verliert er allmählich jeden Bezug zum Wert von Geld."*[5]

Abgehoben hatte Braun nicht nur privat, sondern auch geschäftlich. Im September 2018 hatte die von ihm geleitete Wirecard AG ein Transaktionsvolumen von 91 Milliarden Euro erreicht, der Aktienkurs stand auf einem Höchststand von

199 Euro, und die Firma hatte einen Börsenwert von fast 25 Milliarden Euro. Braun war ihr größter Einzelaktionär. In diesem Moment des totalen Höhenflugs, zu dem auch der Einzug in den prestigeträchtigen DAX-Index der wichtigsten 25 an der Frankfurter Börse notierten Unternehmen gehörte, sprach Braun davon, dass sich das Wachstum seiner Firma sogar mit mehr als bisher 30 Prozent pro Quartal fortsetzen werde, sodass man im Jahr 2025 ein Transaktionsvolumen von 710 Milliarden Euro bei Umsätzen von 12 Milliarden Euro und einem Gewinn von über 3 Milliarden Euro anpeilen könne.[6]

Aber was für Transaktionen machte Wirecard eigentlich tatsächlich? Viele Anleger, Kunden aber auch Analysten konnten sich die Geschäftsgebarung der Firma lange nicht erklären. Denn der Markt des „Zahlungsverkehrs", in dem sich der Konzern den fast täglichen Pressemitteilungen zufolge angeblich so erfolgreich bewegte, ist weltweit ein heiß umkämpfter Bereich mit geringen Margen. Wirecard gab vor, über ein revolutionäres IT-System zu verfügen, das großen internationalen Firmen half, ihre unterschiedlichen Abwicklungssysteme für Zahlungen von Kunden besser miteinander zu integrieren und über die ganze Welt Leistungen vereinheitlicht und - billiger! - anbieten zu können.

Trotz dieser Ersparnis für die Vertragspartner wies Wirecard fast viermal so hohe Profite auf Kundentransaktionen aus und steigerte den Unternehmensgewinn über viele Jahre hinweg um besagte 30 Prozent. Und das wiederum passierte pünktlich alle drei Monate. Niemand konnte sich das so richtig erklären. Aber da das internationale Wirtschaftsprüfungsunternehmen Ernst & Young fast zehn Jahre lang die Bilanz testierte und die deutsche Finanzmarktaufsicht ↗BaFin den Konzern offenbar eng überwachte, hätte niemand daran gedacht, dass die Wirecard AG bei genauer Betrachtung einem Potemkinschen Dorf glich, hinter dessen Fassade man streckenweise eine große Leere vorfand. Wie konnte es überhaupt dazu kommen, dass ein Unternehmen, das in einem derart geregelten und konservativen Geschäftsbereich tätig ist, sich plötzlich in solch schwindelnde Höhen in der deutschen Wirtschaft aufschwingen konnte?

Markus Braun war im Jahr 2001 nach einer Tätigkeit beim österreichischen Beratungsunternehmen Contrast Management Consulting, das in der Zwischenzeit von ↗Ernst & Young erworben wurde, und einer beruflichen Station bei ↗KPMG zum später in Wirecard umbenannten Zahlungsdienstleister gekommen. Das Unternehmen hatte seine Tätigkeit als Anbieter von Kreditkartentransaktionen für Pornowebseiten und Online-Wettanbietern begonnen - ein Geschäftssegment, das von seriösen Zahlungsverkehrsdienstleistern gemieden wurde, weil der Reputationsverlust bei gleichzeitig hohem Zahlungsausfallsrisiko sehr groß sein kann. Braun machte mit seiner Firma schon in den 2000er Jahren so viel Geld, dass er sich 2005 die „Villa Julia" in der Gloriettegasse 20 im noblen Wiener Gemeindebezirk Hietzing kaufen konnte, in der früher die russische Millionärin Walentina Hummelbrunner residiert hatte.

Wenige Hausnummern weiter, in der Gloriettegasse 39, ließ sich später der ukrainische Milliardär Dmitrij Firtasch nieder, der noch kurz vor dem Zusammenbruch des Konzerns Konten bei der Wirecard-Bank eröffnete. Die Aufnahme des ukrainischen Milliardärs in den Kundenkreis illustriert anschaulich, wie man bei diesem DAX-Konzern arbeitete: Die Wirecard AG hatte im Jahr 2005 ein kleines deutsches Bankinstitut gekauft, mit dem alle Arten von Bankgeschäften betrieben werden konnten. Dazu gehörte das Geschäft mit Kunden von zweifelhaftem Ruf - einerseits als Benutzer von Spezialprodukten wie Prepaid-Kreditkarten ohne Bonitätsprüfung, andererseits als Bankkunden, die direkt vom Wirecard-Vorstand ausgesucht wurden, weil sie von anderen Banken (nicht mehr) akzeptiert wurden. So ein Kunde war der Oligarch, dessen Auslieferung aus Österreich die USA im Rahmen eines Strafverfahrens seit Jahren fordern. Gemäß den Unterlagen des Wirecard-

Untersuchungsausschusses des Deutschen Bundestags geschah die Aufnahme von Kundenbeziehungen zu Firtasch trotz großer Vorbehalte des Anti-Geldwäsche-Beauftragten der Wirecard-Bank, da sich der Chief Operations Officer des Wirecard-Konzerns, Jan Marsalek, massiv dafür einsetzte.

Markus Braun verfügte mit ihm über einen loyalen Mitstreiter, der ihm auch half, das problematische Geschäft von schönen, prestigeträchtigen Projekten abzukapseln, die fast täglich in Presseaussendungen dargestellt wurden. Jedes Vorhaben, das mit einem einigermaßen interessanten Unternehmen zu tun hatte, wurde an die Medien vermeldet, meist gepaart mit hochgesteckten Umsatz- und Gewinnerwartungen. Noch wenige Monate vor ihrem Zusammenbruch wurde beispielsweise im Februar 2020 eine neue Kooperation mit der Raiffeisen Bank International mit den folgenden Worten vorgestellt:

> *„Wirecard, der weltweit führende Innovationstreiber für digitale Finanztechnologie, und Raiffeisen Bank International (RBI) geben heute eine umfangreiche Zusammenarbeit bekannt.“*[7]

Große Visionen eines Raiffeisen-Vorstands folgten in der Aussendung:

> *„Dank unserer Zusammenarbeit mit Wirecard können Händler nicht nur ihre digitalen Zahlungsprozesse verbessern, sondern auch aufgrund der Vielfalt der Wirecard-Plattform das ganze Kundenerlebnis optimieren. Gemeinsam bieten wir alles, was Händler benötigen, nämlich Zahlungsakzeptanz in Kombination mit technischer Expertise und umfangreichen Finanzdienstleistungen.“*

Inzwischen ist klar, dass viele dieser Kooperationen für Wirecard Verlustgeschäfte darstellten und die Gewinne aus einem Segment stammten, das weder für den Markt noch für die meisten der Mitarbeiter einsehbar war. Im Vorstand wurde dieser Bereich als „Drittpartnergeschäft" bezeichnet, das über eine Tochterunternehmung in Dubai direkt von Jan Marsalek verantwortet wurde. Tiefe Einblicke in die Art und Weise, wie dieses Geschäft offenbar betrieben wurde, gibt ein Bericht aus dem Buch des eingangs erwähnten langjährigen Wirecard-„Innovationschefs", in dem er darüber schreibt, was ihm Jan Marsalek über die Entstehung der Unternehmensgewinne anvertraute:

> *„Bei einem alkoholreichen Dinner erklärt mir Jan einmal, dass er für Wirecard im Prinzip jeden denkbaren Gewinn einrichten könne. Um diese Story rund zu bekommen, benötigt er jedoch das entsprechende Transaktionsvolumen beim Wirecard-Mutterkonzern. Niemand nimmt schließlich einem DAX-Konzern ab, dass er gleichsam Milliarden macht, ohne Kunden zu haben und Volumen zu verarbeiten. Deswegen gibt es all die Pressemitteilungen und all die blitzsauberen Rev-Share-Deals."*[8]

Menschen, die dem Wirecard-System gefährlich wurden, begegnete man mit einer Armada von Anwälten – und laut verschiedenen Medienberichten sogar mit Gewalt. Zu den besonders bekämpften Gruppen gehörten die sogenannten Shortseller. Bei diesen handelt es sich eine eigene Spezies von Spekulanten, die auf fallende Kurse an der Börse wetten. Um diese zu erreichen, analysieren sie substanzielle Probleme von Unternehmen, stehen ab und an aber auch im Verdacht, negative Presseberichte selbst zu lancieren, um ihren Spekulationserfolg zu erreichen. Allerdings genügt in den meisten Fällen eine genaue Analyse der Bilanzen von notleidenden und überbewerteten Unternehmen, um als Shortseller einigermaßen erfolgreich zu sein.

Die amerikanische Hedgefonds-Managerin Fahmi Quadir war eine sehr prominente Vertreterin dieses Berufsstands und setzte Wirecard massiv an der Börse zu. Sie erzählte im Untersuchungsausschuss des Deutschen Bundestags den Abgeordneten, dass in ihren Augen der Schlüssel zum Wachstum von Wirecard im Erwerb einer Banklizenz lag. Danach konnte Geldwäsche in großem Stil betrieben werden. Wenn man Geldwäsche betreiben möchte, dann müsse man eine Bank und alle Glieder in der Kette kontrollieren. So könne man Konten für Vermögen eröffnen, die aus Verbrechen, Kriegen, Drogenhandel und anderen illegalen Tätigkeiten erwachsen sind.

> *„Sie nahmen Geld von einigen der gefährlichsten Männer der Welt an."*[9]

Und dann berichtete Quadir von fast unglaublich anmutenden Vorfällen, die sich ereigneten, nachdem sie von Wirecard als Gefahr wahrgenommen worden war. Ihr Unternehmen wurde von einem indischen Cyber-Kriminellen gehackt, und schließlich kam es sogar zu einem physischen Angriff:

> *„An dem Tag, da ich angegriffen wurde, hat meine Mitarbeiterin Christine angerufen und gesagt, der Server ist abgestürzt. Nur unser Server. Alles andere in dem Bürogebäude hat funktioniert, nur unser Server nicht. Da wusste ich, das wird wieder einer dieser Tage. Wir hatten oft erlebt, dass wir gehackt wurden. Bevor ich ins Büro ging, ging ich mit meinem Pudel Gassi. Plötzlich hat mir ein Mann, der ganz in Schwarz gekleidet war und eine Maske trug – und das war vor Corona! – auf den Kopf geschlagen, wohl mit einem Schlagring. Und obwohl die Polizei innerhalb von wenigen Minuten am Tatort war, gab es keine Spuren, nichts."*

In vielen Berichten über diese ungewöhnlichen Vorgänge wird vor allem Jan Marsalek als der angebliche „Mann fürs Grobe" ausgemacht. Er hätte – an der Wahrnehmung der meisten Mitarbeiter vorbei – sensible Operationen durchgeführt, Gegner der Firma überwachen und schikanieren lassen, aber eben auch für den laufenden Gewinn gesorgt. Neben der Firma in Dubai hatte Marsalek auch noch andere Vehikel in Betrieb, deren Ziel es war, Umsätze und Gewinne aufzublähen und das Geld im Kreis zu schicken, um die Wirtschaftsprüfer zu verwirren. Im Zentrum seines Firmengeflechts operierte auch bei Wirecard (wie bei OneCoin) eine IMS GmbH, die allerdings abgesehen von ihrem unscheinbaren Namen nichts mit dem Vehikel der OneCoin-Betrüger zu tun hatte. Die Firma war im noblen Münchner Stadtteil Bogenhausen in einer Villa, die den schönen Namen „Prinz Alfons von Bayern" trug, domiziliert und agierte als Vehikel für eigenartige „Startups", die für andere Investoren schon lange schwer erklärbar waren. Offenbar kam der Firma aber vor allem die Aufgabe zu, viele Millionen teure Sonderprojekte durchzuführen, ohne dass die Aufsichtsbehörden davon Wind bekommen konnten – und die Mietkosten für die Villa im Ausmaß von 50.000 Euro monatlich zu bezahlen, in der Jan Marsalek auch selbst wohnte. Er lebte damit zumindest räumlich auf noch größerem Fuß als sein Chef Markus Braun in Wien – auf 1.800 Quadratmeter Fläche auf fünf Etagen.

Bei der im März 2017 gegründeten Firma IMS ging nach dem Ende von Wirecard das Licht aus – und Geschäftsführer Alexander V. musste für kurze Zeit sogar in Haft:

> *„Am 22. Oktober musste V. Insolvenz für die IMS-Gesellschaft anmelden, die nach Ansicht der Ermittler aus den dubiosen Quellen Marsaleks gespeist wurde. Dies wiederum trifft etliche Start-ups ganz empfindlich. IMS hielt Anteile an etwa 20 jungen Firmen, darunter jener Münchner Online-Supermarkt Getnow, der vorige Woche ebenfalls Insolvenz anmelden musste."*[10]

Am Ende ging alles sehr schnell: Nachdem die Wirecard-Vorstände noch in einer letzten großen Videokonferenz den Mitarbeitern verklickert hatten, dass die Firma Opfer eines großen Betrugs geworden sei, setzte sich Jan Marsalek ins bisher noch unbekannte Ausland ab. Sein Foto findet sich inzwischen auf vielen Fahndungsplakaten auf der ganzen Welt.

Der laut Angaben seiner Mitarbeiter sozial hochgradig desintegrierte Superreiche Markus Braun, der sich bisher nur in Kreisen anderer Milliardäre und Spitzenpolitiker wohlfühlte, wurde wegen Verdunkelungs- und Fluchtgefahr festgenommen und muss in einer kargen Zelle in der Justizvollzugsanstalt Augsburg-Gablingen auf seinen Prozess warten. Dr. Braun kann sich dort auch schon überlegen, wie er beruflich neu durchstarten kann. Im Gefängnis werden allerdings nur berufliche Ausbildungsmaßnahmen im anstaltseigenen Friseurbetrieb, in der Kfz-Werkstatt, in der Küche und im Bereich der Gebäudereinigung angeboten.[11]

Abbildung 4:
Markus Braun, Vorstandsvorsitzender von Wirecard

Die Vorwürfe gegen ihn sind vielfältig und könnten noch ausgedehnt werden. Der Obmann des Wirecard-Untersuchungsausschusses im Deutschen Bundestag, Fabio De Masi, schreibt in einer Stellungnahme:

> *„Braun soll bislang nur für Marktmanipulation angeklagt werden – 5–8 Jahre. Dabei müsste er auch für die Beteiligung an dieser organisierten Kriminalität angeklagt werden."*[12]

Viele Mitarbeiter von Wirecard verloren inzwischen ihren Arbeitsplatz. Unternehmensteile wurden verkauft oder ganz geschlossen. Verantwortlich für die Abwicklung der Insolvenz ist der Rechtsanwalt Michael Jaffé, der sich schon in einem anderen Mandat mit der der späteren Krypto-Queen Ruja Ignatova befasste. Die Wirecard-Aktie verlor an der Börse ihren gesamten Wert, und damit lösten sich seit dem Höchststand fast 25 Milliarden Euro in nichts auf. Überdies sitzen Banken auf Kreditverbindlichkeiten von über 1,7 Milliarden Euro. Inzwischen weiß man auch, dass das Fehlen von Wirecard im internationalen Zahlungsverkehr keine große Lücke hinterlassen hat. Konnte man sich vorher nicht genau erklären, was die Firma macht, ist es jetzt umso leichter zu verstehen, dass sie eigentlich gar nicht so viel machte, wie man mancherorts annahm. Und was sie machte, fand teilweise in einem Bereich statt, der von anderen Marktteilnehmern gemieden wurde.

Die Gier als Triebfeder, Technologie als Tatwerkzeug, Intransparenz als Masche

Die beschriebenen Fälle illustrieren, dass viele Menschen nicht nur in stark korruptionsanfälligen Ländern, sondern auch in unseren Breitengraden sehr schnell und nachhaltig Betrügern auf den Leim gehen können, bei denen mehr Schein als Sein vorhanden ist. Die Anatomie der Skandale zeigt eine Melange aus blinder Fortschrittsgläubigkeit, Technologievertrauen und ein bisschen auch der Überzeugung, dass man durch einen guten „Riecher“ für ein beliebiges Technologiethema über Nacht reich werden kann.

Dabei wird das Technologie-Know-how der FinTech-Unternehmen zumeist überschätzt - oder umgekehrt: Eine schlechte IT-Ausstattung wird von den Betreibern betrügerischer Angebote forciert, um ihre Geschäfte weniger nachvollziehbar zu machen und Behörden die Einschau und Untersuchungen zu erschweren. IT-Probleme oder Cyberattacken werden vorgetäuscht und genutzt, um Probleme zu erklären - wieso Geld verschwindet, Transaktionen nicht stattfinden oder der Geschäftsgang eingebrochen ist. Ein wesentlicher Faktor ist natürlich auch die Gier der Investoren und der fast kindliche Glaube, bei irgendetwas ganz vorne oder ganz am Anfang dabei zu sein, und so - zumeist mit ständig steigendem Einsatz - in kurzer Zeit ein wirkliches Vermögen erwirtschaften zu können.

Überdies können offenbar kriminelle Vorgänge auch unter den Augen von unabhängigen Justizbehörden, professionellen Aufsichtsorganen und erfahrenen Wirtschaftsprüfern passieren, die - wie im Fall Wirecard - allesamt angeben, betrogen worden zu sein. Die betrügerischen Angebote zeichnet allesamt ein Mangel an Transparenz über die wahren Vorgänge aus. Bilanzen werden frisiert, Zahlungsströme verschleiert, die Reputation der Anbieter wird mittels teurer PR-Berater und Anwälte so lange wie möglich als einwandfrei dargestellt. Werden Behörden trotzdem misstrauisch und beginnen mit Ermittlungen, ist es gerade im Bereich der Geldwäsche sehr schwierig, schnell Maßnahmen zu setzen. Dafür besteht die Notwendigkeit, eine kriminelle Vortat nachzuweisen, aus der das in Umlauf gebrachte Geld stammt. Das ist häufig im Kontext des internationalen Agierens der Straftäter ein sehr langwieriges Unterfangen, während die Kriminellen ungehindert weiterarbeiten können.

Dieses Buch vermittelt einen Einblick in die FinTech-Welt mit einem Schwerpunkt auf die deutschsprachigen Länder und befasst sich vor allem mit dem wirtschaftlichen Ökosystem der Kryptowährungen und Zahlungsverkehrsdienstleister. In beiden Bereichen gibt es großartige Innovationen. Allerdings wird die Euphorie vom Erfolg von Kriminellen getrübt, die sich in diesen Wachstumsmärkten herumtreiben.

Digitales Geld kann unser Leben positiv verändern und die Weiterentwicklung der Informationsgesellschaft befördern, wenn daraus nicht *böses Geld* wird, das Betrüger reich und Anleger und Kunden arm macht.

– 2 –

Der übersteigerte Technologieglaube

Seit dem Höhenflug der Firmen aus dem amerikanischen Silicon Valley wird in Europa über Strategien diskutiert, um am weltweiten Fortschritt durch eigene Entwicklungen teilhaben zu können. Das größte und wertvollste europäische IT-Unternehmen ist die deutsche Firma SAP, die seit den 1970er Jahren Programme herstellt, mit denen Geschäftsprozesse und Kundenbeziehungen verwaltet werden können. SAP machte schon im Jahr 2000 6,3 Milliarden Euro Umsatz, 1,2 Milliarden Euro Gewinn und hatte 25.000 Mitarbeiter. Die Erfolgsgeschichte der deutschen Technologieschmiede motivierte neue Marktteilnehmer, es ihnen gleichzutun oder sogar noch besser zu sein. Nicht immer mit großem Erfolg, wie das folgende Beispiel zeigt.

„Wir wollen die SAP des Internets werden.“[13]

So vollmundig tönte Werner Böhm, der Gründer des kleinen Wiener Internet-Startups YLine Anfang der 2000er Jahre, als seine Firma durch geschickte Marketing-Maßnahmen und unkritische Presseberichte zum Highflyer in der sich damals neu herausbildenden „New Economy“ in Österreich mutierte. Später sollte diese Phase der Wirtschaft international als gescheiterte „Dotcom-Blase“ in die Geschichte eingehen. Die vielen Pleiten waren ein erster großer Weckruf für all jene, die Geld und Vertrauen in Unternehmen investierten, die mit dem Versprechen lockten, der Einsatz neuer Technologien würde ihnen unglaubliche Erfolge bescheren, ohne dass sie jedoch über geeignetes Personal, einen guten Businessplan oder konkurrenzfähige Produkte verfügten.

Werner Böhm gelang es, innerhalb kurzer Zeit Millionenbeträge von Investoren einzusammeln und sich sogar den amerikanischen IT-Konzern IBM als Partner zu angeln. Er war dort als Vertriebsmitarbeiter tätig gewesen und kannte den Chef von IBM Österreich, den er mit einem großzügigen Angebot zum Wechsel in den Vorstand von YLine bewog. Gemeinsam begann man, tausende Computer als Beigabe zu Zeitschriftenabonnements zu „verschenken", wie das Magazin *Horizont* im Jahr 2000 berichtete:

> *„Seit 24. Jänner bietet die YLine Internet Business Services AG gemeinsam mit IBM und der News-Gruppe Gratis-PCs an. In Kombination mit einem News- oder Format-Abo bekommt der Kunde einen PC von IBM im Wert von 14.990 Schilling. Der User zahlt lediglich für die Dauer der Online-Zeit (0,99 Schilling pro Minute). Nach Ablauf von 2 Jahren kann der YLine-Kunde entscheiden, ob er den PC ohne weitere Kosten behalten oder zurückgeben will."*[14]

Mitgeliefert wurde ein externes Modem, damit Kunden das digitale Angebot der Firma nutzen konnten. YLine-Chef Werner Böhm zeigte sich optimistisch, dass das neue „Powershopping-Konzept" auf dem Markt voll einschlagen werde und man bis zum Ende des Jahres 2000 bis zu 100.000 Neukunden finden würde. Überdies wollte man eine neue mobile Technologie einsetzen, die ↗ WAP (Wireless Application Protocol) hieß. Am 16. Februar 2000 berichtete die Tageszeitung *Der Standard* über den bevorstehenden Technologiesprung:

> *„Die YLine Internet Business Services AG startet heute ihren mobilen Internetzugang mit einem WAP-Portal und will in den*

nächsten zwei Wochen ein Joint Venture für mobiles Banking abschließen. YLine-Kunden könnten nun über ihr Mobiltelefon Mails, Nachrichten, Finanzinformationen und Kontoinformationen abfragen, teilte YLine am Montag mit.“[15]

Was von YLine folgte, waren Ankündigungen über einen großen internationalen Partner und angebliche Vorbereitungen für die Vorstellung weiterer neuer, bahnbrechender Lösungen auf der Computermesse CEBIT, während die Nachteile und Einschränkungen der neuen Technologie nur sehr wenig diskutiert wurden - nämlich:

- Mobiltelefone, die mit der neuen Technologie WAP arbeiteten, waren teuer und rar (z.B. das Nokia 7110i).
- Die Mobiltelefonie-Netzwerke der damaligen Zeit waren langsam und teuer und nicht auf größere Bandbreiten für den digitalen Datenverkehr ausgelegt.
- Das WAP-Protokoll war störanfällig, und darauf basierende Anwendungen funktionierten häufig gar nicht.

Jan Marsaleks Anfänge

Aber nicht nur YLine beschäftigte sich damals mit WAP. Schon wenige Tage vor der Ankündigung ihres neuen Portals hatte am 4. Februar 2000 die kleine Wiener Firma Gentics mit einer Presseaussendung auf sich aufmerksam gemacht, in der sie die Zusammenarbeit mit der Münchner Wirecard AG im Bereich von Lösungen für den „Handel und Einkauf via Handy“ ankündigte:

„GENTICS Net.Solutions bietet als eines der ersten österreichischen Unternehmen Mobile Commerce-Applikationen für den Handel und das Einkaufen via Mobiltelefon an. Der neue Service basiert auf dem Wireless Application Protocol (WAP),

einem Protokoll, das die Übertragung und Darstellung von Internet-Inhalten auf den Displays von Mobiltelefonen ermöglicht."[16]

Im weiteren Verlauf wird auf das jugendliche Alter der Führungskräfte bei Gentics hingewiesen und auf deren geringe oder sogar abgebrochene Ausbildung, auf die man offenbar besonders stolz war (Stichwort: „Selfmademen"). Der Verweis auf das Fehlen einer formellen Ausbildung und die Aneignung von Know-how auf autodidaktischem Weg scheint bis heute ein Werbemittel von sogenannten Startups geblieben zu sein, die damit den Unterschied zu klassischen Firmen illustrieren möchten, in denen alles viel zu langsam gehe und daher Innovation nur in viel geringerem Ausmaß möglich sei. Bei Gentics waren die Beteiligten jedenfalls sehr jung und hatten trotzdem schon etwas Großartiges geplant. Einer der Protagonisten sollte Jahre später wirklich sehr bekannt werden:

„Zu den Personen des Unternehmens:
Georg Geczek, Unternehmer, hat nach abgeschlossener Matura und geleistetem Präsenzdienst sehr jung (mit 19 Jahren) den Sprung in die Selbständigkeit gewagt. Neben begonnenem Wirtschaftsinformatik- und BWL-Studium entwickelte sich die junge Firma sehr schnell und führte nach drei Semestern zur Aufgabe der Studien. [...]
Seit etwas mehr als einem Jahr ist sein Partner ***Jan Marsalek*** *(19 Jahre) mit im Boot. Das Unternehmen hat sich in diesem Zeitraum auf die Kernkompetenzen E-Commerce und mobiler E-Commerce (WAP, Bluetooth) spezialisiert. Unter anderem wurde in Zusammenarbeit mit einem deutschen Partner das weltweit erste marktreife Kreditkartenpayment über ein WAP-Handy realisiert."*[17]

Für den jungen Jan Marsalek bot sich durch die neue Technologie WAP, deren Programmierung er sich selbst beigebracht hatte, die Möglichkeit, nach München zu Wirecard zu übersiedeln und dort ein 2 Millionen Euro schweres Projekt namens „Wirecard 2.0" zu übernehmen - und in den Sand zu setzen. WAP funktionierte nicht besonders gut - und dem ehemaligen Wirecard-Manager Jörn Leogrande zufolge hatte Marsalek auch nicht das notwendige Know-how, um so ein großes Projekt fertigzustellen:

> *„Zu Beginn im Jahr 2000 ließ er in gewisser Weise zwei Millionen verschwinden - 2020, am Ende, waren fast zwei Milliarden weg. Muss man auch erst mal hinkriegen."*[18]

Bei der am Anfang dieses Kapitels erwähnten Firma YLine von Werner Böhm ging es - nicht zuletzt wegen verschiedener Technologieprobleme - schneller dem Ende zu. Ein Jahr nach den großen Ankündigungen des Gründers schlitterte das an der europäischen Wachstumsbörse Nasdaq Europe in Brüssel notierende Unternehmen in die Insolvenz. Im September 2001 wurde die Aktie vom Handel ausgesetzt. Die amerikanische Investmentbank Lehman Brothers hatte für die Aktie einst ein Kursziel von 400 Euro angegeben, im September 2001 war sie nur noch 46 Cent wert. Jetzt stellte sich heraus, dass viele der Marketing-Nachrichten des Unternehmens über tolle, neue Produkte ohne großen Wahrheitsgehalt gewesen waren. Mehr als ein Jahrzehnt später sprach ein Gericht Firmengründer Werner Böhm und die weiteren fünf Angeklagten zwar von den Vorwürfen Untreue, Insiderhandel und Bilanzfälschung frei. Viele Aktionäre hatten allerdings ihr Geld verloren, und Petra Wohlfahrt, ein Mitglied des YLine-Vorstands, nahm sich sogar das Leben, da das Ende des aufstrebenden Unternehmens sie derart in Verzweiflung gestürzt hatte.

Wie hatte es so weit kommen können? Hatte es keine Warnsignale gegeben? Doch. Es gab derer viele. So hatte sich die kleine Wiener Firma einen riesigen Großrechner von IBM zugelegt, dessen überdimensionierte Rechenkapazität in keinem Verhältnis zum Geschäftsbetrieb stand. Ein anderes Problem waren die technischen Probleme mit der Erreichbarkeit der neuen Online-Angebote, die relativ geringe Zahl der Kunden im Vergleich zum Geschäftsplan und die extreme Kluft zwischen den Einkünften des Unternehmens und dessen riskante Kreditfinanzierung. Dies alles wurde aber mit großen Sprüchen von Vorstand Werner Böhm kaschiert – vor allem mit dem Hinweis darauf, dass man ja ein Trendsetter sei, der garantiert morgen das beste und neueste Technologiethema umsetzen werde. Viele Anleger stiegen deshalb viel zu spät aus. Oder sie schafften den Ausstieg gar nicht und verloren alles – im Vertrauen auf die Technologie der Zukunft.

– 2.1. –

Was machen eigentlich FinTechs?

In den vergangenen Jahren hat sich für Anbieter technischer Innovationen im Bereich von Finanzdienstleistern der Begriff FinTech (für Financial Technology) eingebürgert. Damit werden Firmen bezeichnet, die selbst weder Banken noch Versicherungen noch Vermögensberater oder Real-Estate-Firmen sind. Sie verarbeiten allerdings die Daten derartiger Firmen oder entwickeln für sie Anwendungen oder erbringen Dienstleistungen in deren Umfeld. Dafür benötigen FinTechs zumeist keine Konzession durch eine Aufsichtsbehörde. Sie arbeiten über definierte Schnittstellen mit den der Aufsicht unterstellten Unternehmen - das sind meist Banken oder Versicherungen - zusammen.

Die österreichische Finanzmarktaufsicht (FMA) beschreibt in ihrem „FinTech Navigator" die folgenden Aufgabengebiete für FinTech-Unternehmen:[19]

- Neue Bezahlmethoden, Zahlungsmittel und virtuelle Währungen
- Crowdfunding und alternative Online-Investments
- Automatisierte Beratungs- oder Handelssysteme
- Technische Dienste, Server- und Datendienste, Schnittstellen
- ICOs (↗Initial Coin Offerings - eine besondere Form der Risikofinanzierung durch die Emission von ↗Krypto-Assets).

Gemäß einer Schätzung des Hamburger Beratungsunternehmens Barkow Consulting gibt es in Deutschland mehr als

400 FinTechs, die vor allem vor allem im Bereich der Online-Bezahldienste arbeiten. In diesem Fall werden sie als PayTechs bezeichnet. Diese Anbieter ermöglichen zum Beispiel mobile Zahlungen durch die Nutzung der Datenübertragung im Mobilfunk, erleichtern Zahlungen auf Internetseiten oder setzen auf neue Werkzeuge zur Betrugsbekämpfung. Zu den **PayTechs** zählt man die Zahlungsdiensteanbieter Adyen und Klarna, aber auch die Entwickler neuer Digitalbankangebote wie die deutsch-österreichische N26-Bank und die britische Revolut Bank.

WealthTechs spezialisieren sich auf Innovationen für die Vermögensverwaltung und Finanzberatung. Dazu zählen mittels Softwarerobotik automatisierte Beratungsplattformen, digitale Assistenten für den Handel an Börsen oder die softwaregestützte Planung der Pensionsvorsorge. Allein in der Schweiz sind ca. hundert Unternehmen in diesem Bereich tätig.

InsurTechs entwickeln neue Anwendungen in der Versicherungswirtschaft, wo künstliche Intelligenz als Basis von ↗Chatbots oder zur Auswertung von Schadensfällen zum Einsatz kommt. Eine weitere sehr wichtige Entwicklung stellt die Anwendung der ↗Blockchain für automatisierte Versicherungsverträge in Form von *Smart Contracts* (intelligenten Verträgen) dar. Laut einer Studie der Beratungsfirma Oliver Wyman gibt es weltweit ca. 2.500 Unternehmen in diesem Bereich.

In Deutschland sind deren Zentren in Berlin, München und Hamburg. Ein wichtiges InsureTech ist Coya, das prominente Manager wie Palantir-Direktor Peter Thiel oder den ehemaligen Chef der Vienna Insurance Group, Peter Hagen, als Investoren gewinnen konnte. Dessen Geschäftsentwicklung zeigt, dass der Weg zum Erfolg trotz guter Technologie und visionärer Investoren steinig ist. Obwohl Coya mit täglich kündbaren Verträgen und einfachen Schadensmeldungen über das Smartphone sehr kundenfreundlich agierte, hielt sich der Vertriebserfolg für die digitalen Versicherungen in Grenzen. Inzwischen wurden die Vorstandsmitglieder getauscht, der renommierte

Versicherungs-Experte Peter Hagen gab den Aufsichtsratsvorsitz ab, und die Firma sucht weiter nach ihrem Platz im deutschen Versicherungsmarkt.

Krypto- und Blockchainfirmen setzen auf den Handel und die Verwahrung von ↗Kryptowährungen und auf den Einsatz der Blockchain als neuer Technologie. Bei einem der größten und erfolgreichsten Anbieter im deutschsprachigen Raum ist wiederum Peter Thiel investiert: Die österreichische Firma Bitpanda hat im Rahmen einer Finanzierungsrunde im März 2021 schon zum zweiten Mal Geld von ihm erhalten und bezeichnet sich selbst als erstes österreichisches *Unicorn*. Darunter versteht man in den USA nicht börsennotierte Firmen, deren Marktwert auf mehr als eine Milliarde US-Dollar geschätzt wird. Bitpanda beschäftigt inzwischen mehr als 400 Mitarbeiter und hat durch die positive Entwicklung im Bereich des Handels mit Kryptowährungen einen enormen Zulauf von Kunden erhalten. Gemeinsam mit der Raiffeisen Bank International wurde überdies eine eigene Kryptowährung emittiert – die Multi-Blockchain-Coin Pantos.

Mit SumUp gibt es in Deutschland eine sehr große Firma in diesem Segment, die schon mit 2.000 Mitarbeitern in 33 Ländern aktiv ist und drei Millionen Kunden hat. Zu den Investoren, die bisher 750 Millionen Euro in Form von Krediten bereitgestellt haben, zählen Bain Capital, Goldman Sachs und der Staatsfonds von Singapur, Temasek.

PropTechs entwickeln Lösungen für die Immobilienwirtschaft, damit Kunden einfacher mieten oder kaufen und Vermieter einfacher ihre Immobilien managen, vermieten oder verkaufen können. Dafür kommen neuerdings auch Technologien aus dem Bereich des ↗„Internets der Dinge“ (IoT), Drohnen und ↗Virtual Reality und ↗Augmented Reality zum Einsatz, um beispielsweise 3D-Modelle von Wohnungen und Häusern auf einer Webseite anschaulich darzustellen, oder ein Grundstück aus der Ferne betrachten zu können.

In Österreich zählen zu dieser Kategorie von FinTechs etwa die Firmen Puck (digitale Hausverwaltung), StoreMe (Lagerabteilverwaltung), Nuki (Zutrittskontrolle), Roomle (virtuelle Einrichtung für die eigenen vier Wände) und Rendity (Immobilienveranlagung).

RegTechs befassen sich mit den gesetzlichen Regelungen und Rahmenbedingungen vor allem im Bankensektor. Sie nutzen Techniken der Prozessautomation und des maschinellen Lernens:

- BearingPoint RegTech ist einer dieser Anbieter und ging im Jahr 2019 mit einer digitalen, vollintegrierten „Meldewesenfabrik" auf den Markt, die es Banken schneller ermöglichen soll, ihre gesetzlich verpflichtenden Meldungen an Aufsichtsbehörden, die sich laufend verändern, zu implementieren. Diese Meldungen an die Nationalbank beinhalten zum Beispiel jede Nacht die Kontostände, Überweisungen bestimmter Größenordnungen, und Informationen über neue oder notleidende Kredite.
- In Österreich ist die Firma kompany seit 2012 aktiv, die es Unternehmen ermöglicht, durch die automationsunterstützte Abfrage von Handelsregistern in 150 Ländern die Vorschriften der Finanzmarktaufsicht für die Neuanlage von Kunden im Finanzdienstleistungsbereich zu verbessern. Da in vielen Fällen keine maschinenlesbaren PDFs vorliegen, wird an einer Deep-Learning-Anwendung gearbeitet, die diese Dokumente automatisiert analysieren und darin enthaltene Informationen digital weiterverarbeiten kann.

– 2.2. –

Wirklich neue Technologien?

Die „Neuen Informations- und Kommunikationstechnologien" tauchen als Begriff immer wieder auf, wenn es um die Beschreibung der Besonderheiten der Informationsgesellschaft und die Abgrenzung zur Industriegesellschaft geht. Darunter versteht man die seit dem Zweiten Weltkrieg immer weiter entwickelten Computer und Netzwerke, die von diesen verwendete Software und seit den 1990er Jahren immer stärker zum Einsatz kommende Mobilkommunikation. Nachdem die Basis für den sicheren Betrieb großer Anwendungen auf Basis dieser Grundlagen geschaffen war, begannen sich in den letzten zehn Jahren noch einmal ganz neue oder zumindest runderneuerte Technologien durchzusetzen, mit denen sich heutzutage die FinTechs schwerpunktmäßig befassen.

Künstliche Intelligenz und Datenanalyse

Vor vierzig Jahren entstanden die ersten Konzepte für Algorithmen, die Techniken des ↗Deep Learning ermöglichten, sodass eine Maschine dadurch neue Kontexte erschließen konnte und durch laufendes Training in einem bestimmten Themenfeld immer besser und präziser wurde. Inzwischen kann man damit strukturierte, aber auch unstrukturierte Daten besser verarbeiten und mithilfe der Ergebnisse Erkenntnisse für das Handeln von Menschen finden, die im Bereich der Betrugserkennung oder der Risikobewertung genutzt werden.

Ein Paradebeispiel für ein FinTech-Unternehmen, das mit künstlicher Intelligenz reüssiert, ist die amerikanische Firma Palantir, die derzeit als eine der wertvollsten neuen Firmen im FinTech-Bereich betrachtet wird. Sie hatte ihren Ursprung in der Bekämpfung von betrügerischen Transaktionen im Zahlungsverkehr. Zur Jahrtausendwende entwickelte das Team rund um Peter Thiel und Alex Karp eine Software, die verdächtige Überweisungen markierte und einem Bearbeiter zur Kontrolle vorlegte. Das erste Programm wurde nach „Igor" benannt, einem russischen Kriminellen, der in diesen Jahren dem innovativen Zahlungsdienstleister Paypal mit seinen Machenschaften sehr zusetzte. Damals begann auch der verstärkte Einsatz von neuen Technologien vor dem Hintergrund der Anschläge von 9/11, um den Kampf gegen Terroristen effizienter zu führen. Palantir unterstützte offenbar auch ganz maßgeblich die amerikanischen Behörden bei der Auffindung von Osama bin Laden. In der Zwischenzeit notiert die Firma an der New York Stock Exchange und hat einen Umsatz von über einer Milliarde Dollar. Ihr Geschäft stellt die Analyse von Daten mit sehr modernen Mitteln dar:

> *„Palantir, benannt nach den ‚Sehenden Steinen' in ‚Der Herr der Ringe', wurde entwickelt, um die Berge von Daten aufzunehmen, die von Soldaten, Spionen und Polizisten gesammelt wurden – Fingerabdrücke, Signalinformationen, Bankunterlagen, Tipps von vertraulichen Informanten – und Benutzern das Auffinden versteckter Daten zu ermöglichen, Beziehungen aufdecken, kriminelle und terroristische Netzwerke aufdecken und sogar zukünftige Angriffe voraussehen können."*[20]

Predictive Analytics (vorausschauende Analysen)

Für die Analyse der Beziehungen zwischen Personen und anderen Subjekten werden statistische Methoden verwendet, die es - gepaart mit Techniken des maschinellen Lernens und künstlicher Intelligenz - ermöglichen, Vorhersagen für das menschliche Verhalten zu treffen. Diese *Predictive Analytics* genannten Verfahren ermöglichen die Eindämmung von Betrug, indem Warnungen generiert werden, wenn Abweichungen von bestimmten Pfaden oder Normen oder eine verdächtige Kombination von Faktoren entstehen. Mitarbeiter von Banken und Kreditkartenfirmen können dann auf diese Informationen reagieren und beispielsweise die Abbuchung von einer Kreditkarte verhindern, noch bevor eine Straftat begangen werden konnte.

Die Analyse großer Datenmengen spielt auch in Versicherungsunternehmen eine große Rolle. So entwickeln verschiedene InsurTechs Werkzeuge, um schon zum Zeitpunkt des Abschlusses eines Versicherungsvertrags das potenzielle Risiko des neuen Kunden einschätzen zu können, und in diesem *Underwriting* genannten Prozess gegebenenfalls sogar den Vertragsabschluss zu verhindern.

Robotics

Unter *Software Robotics* versteht man Technologien, die es ermöglichen, dass eine Software Aufgaben automatisiert ausführt, für die normalerweise eine Interaktion mit Menschen vonnöten ist. Eine der Anwendungen stellen Chatbots dar, die zur Verstärkung der Kundenzufriedenheit zum Einsatz kommen können. Damit kann die Verfügbarkeit von Helpdesks auf 24 Stunden am Tag gesteigert werden, während man die Zahl der Kundenbetreuer geringhalten kann, was die Kosten für den

Kundendienst deutlich senkt. Durch den Einsatz von künstlicher Intelligenz können im Chatbot-Dialog gewonnene Informationen für statistische Schlussfolgerungen und weitere Verbesserungen in der Kundenbetreuung und in die Entwicklung besser verwendbarer Produkte und Dienstleistungen verwendet werden. WealthTechs setzen immer mehr virtuelle Assistenten ein, die Kunden zu den richtigen Angeboten und Informationen führen, und vermitteln dabei manchmal erfolgreich den Eindruck, dass auf der anderen Seite keine Maschine, sondern ein richtiger Mensch sitzen würde.

Was diesen elektronischen Helferlein allerdings bis heute fehlt, sind zufällige Fehler, die wirkliche Menschen machen – oder Schwächen und Emotionen. Allerdings wird gerade in diesem Bereich intensiv daran geforscht, wie man eine „Vermenschlichung" der Anwendungen mittels künstlicher Intelligenz erreichen könnte.

Mobiles Bezahlen

Lösungen für das mobile Bezahlen setzen sich nach einer langen Anlaufphase von mehr als zwei Jahrzehnten immer mehr durch. Nachdem schon viele Menschen ihre Bankkonten über eine App auf dem Telefon verwalten, gibt es inzwischen eine sehr große Anzahl intelligenter Endgeräte – vom Smartphone über die Smartwatch bis hin zu ganz neuen, *Wearables* genannten, in die Kleidung integrierten Geräten –, über die man mobil bezahlen kann. Anbieter wie Apple Pay oder Google Pay ermöglichen die Autorisierung von Zahlungen, indem ein Nahfeldkommunikations-Chip (↗NFC), der sich in einem Mobiltelefon befindet, abgefragt und die digitale Geldbörse des Kunden nach bestimmten Kriterien überprüft wird.

In der Zeit der Corona-Pandemie hat die Verwendung solcher Lösungen stark zugenommen, da das kontaktlose Bezahlen mittels Kreditkarten oder Bankomatkarten bis zu einem Limit von 50 Euro zum Standard wurde. Wesentlich für den Erfolg der neuen Technologien ist die kostengünstige Umsetzung mobiler Bezahllösungen durch Mobilfunkanbieter, die ein großes Datenvolumen und schnelle Kommunikation zu geringen Preisen meist pauschaliert anbieten. Überdies sind die verwendeten Technologien sehr einfach beherrschbar und bieten einen großen Komfort für die Anwender, da sie wesentlich schneller agieren können als mit klassischen Bezahlmethoden.

Ein österreichisches FinTech, das ein interessantes neues Bezahlverfahren entwickelt hat, ist die Wiener Firma Bluecode. Über das Einlesen von eigens generierten Barcodes werden Zahlungen an ↗POS-Terminals (Verkaufsstellen) durchgeführt. Im Gegensatz zu Kredit- oder Bankomatkartenzahlungen werden bei diesem Verfahren keine vertraulichen Daten an den Händler übertragen und auch auf dem verwendeten Smartphone keine Kontodaten gespeichert. Die Bluecode-App ist über ein Lastschriftverfahren mit cincm Bankkonto verbunden und stellt so sicher, dass eine ausreichende Kontodeckung für die abgebuchten Beträge besteht. Inzwischen wird dieses Verfahren von vielen Lebensmittel- und Handelsketten in Österreich und Deutschland akzeptiert. Überdies sind bei einigen Ketten auch die Kundenbindungsprogramme in das Verfahren integriert, sodass mit der Barcode-Verarbeitung automatisch Punkte in diese Programme geschrieben werden.

Augmented Reality und Virtual Reality

Mit Techniken der virtuellen Realität (VR) wird es Menschen ermöglicht, die reale Welt auszublenden und in eine künstliche, virtuelle Umgebung einzutauchen. Dazu müssen spezielle Brillen oder Kontaktlinsen getragen werden. Ein mögliches Einsatzgebiet ist die Innenraumplanung. Mit einer VR-Brille kann man testen, wie verschiedene Einrichtungsmaterialien in einem Raum wirken.

Mit *Augmented Reality* („erweiterte Realität“) bezeichnet man das Einpassen von virtuellen Elementen in die reale Welt, wie wir sie wahrnehmen, sodass diese um ebenjene Elemente ergänzt wird. Auch in diesem Bereich gibt es inzwischen große Fortschritte. Die Technologie ist leichter verwendbar und erschwinglicher geworden. Das deutsch-österreichische Technologieunternehmen Holo-Light hat dazu ein AR-Eingabegerät entwickelt. Mastercard hat für amerikanische Kunden die Mastercard Benefits App entwickelt, in der sie mittels Augmented Reality besser über die Funktionen und Features ihrer Kreditkarte informiert werden. Nach dem Einscannen der Karte werden die Kunden in eine Welt virtueller Portale gebracht, hinter denen sich jeweils Funktionen verbergen, die ihnen bei Interesse angezeigt werden. So wird im Detail und trotzdem ohne lange, umständliche Texte über Kundenbindungsprogramme oder über aktivierbare Sicherheitsfeatures informiert.[21]

Internet der Dinge (IoT)

Im Internet der Dinge tauschen vernetzte, intelligente Objekte Daten über ihren Zustand und ihre Umgebung aus. Diese Infrastruktur wird von FinTechs beispielsweise für die Verwaltung von Bankfilialen und die Wartung von Geldausgabeautomaten benutzt. Weitere Anwendungen stellen personenbezogene *Beacons* dar, die helfen, eine gewisse Kundennähe in Bankfilialen schon nach dem Eintreten herzustellen und auf neue Angebote hinzuweisen, die für den gerade eintretenden Kunden von individuellem Interesse sein können. Transaktionen - wie etwa Bestellvorgänge - können von Geräten, die am Internet der Dinge hängen, automatisch ausgelöst werden - wie etwa von Kühlschränken, die befüllt werden möchten, oder Smart

Offices, in denen automatisch Büroartikel oder Druckertoner bestellt werden.

Blockchain

Als größte Innovation des letzten Jahrzehnts gilt für viele Fin-Techs die Entwicklung der Blockchain-Technologie. Diese ermöglicht im Gegensatz zu zentralen Datenbanksystemen den Betrieb eines dezentralen, digitalen Logbuchs, das Transaktionen in chronologischer Reihenfolge erfasst und unveränderbar macht. Die Informationen darüber werden in einer verteilten - zumeist öffentlichen - Datenbank gespeichert.

Während es in einer zentralen Datenbank relativ einfach ist, einen konsistenten Zustand und Klarheit über die Situation von Transaktionen zu erhalten, ist das in einer dezentralen Transaktionsdatenbank viel schwieriger. Hier können nämlich unterschiedliche Beteiligte zu unterschiedlichen Zeitpunkten Updates von Transaktionen machen, und es war über lange Zeit nicht möglich, zu einem Verfahren zu finden, das die fehlertolerante Synchronisation von Daten in verteilten Systemen ermöglichte.

Die Blockchain-Technologie gilt als Lösung des „Problems der byzantinischen Generäle", eines Gedankenexperiments, das der amerikanische Computerwissenschaftler Leslie Lamport im Jahr 1982 erstmals beschrieben hat, und das die grundlegenden Probleme dezentraler Transaktionssicherheit illustriert:

Bei der Belagerung einer Stadt müssen mehrere, voneinander isoliert mit ihren Truppen aufgestellte Generäle gleichzeitig einen Angriff von mehreren Seiten durchführen. Die Generäle kommunizieren über berittene Boten miteinander. Bei dieser Art der Kommunikation ist nicht sichergestellt, dass die Botschaften richtig sind und zeitgerecht ankommen. Die Gruppe muss sich allerdings auf einen nächsten Schritt einigen, der überdies irreversibel ist, nämlich: wann sie die belagerte Stadt gemeinsam angreifen. Eine Lösung stellt die Einbettung der Angriffszeit in eine komplexe Rechenaufgabe dar, die eine bestimmte Rechenleistung in Anspruch nimmt. Am Ende haben alle Generäle damit die gleiche Rechenzeit, und durch das Abwarten der Berechnung ist das Vorgehen synchronisiert.

Allerdings kann auch mit diesem Ansatz nicht sichergestellt werden, dass eine hundertprozentige Synchronisation aller Interessen stattfindet. Es bleibt dabei, dass „byzantinische Fehler" auftreten können, nämlich dass ein System unerwartet ein falsches Verhalten an den Tag legt. Am Beispiel der Generäle und Kuriere könnte das etwa das Versenden einer bewusst falschen Nachricht oder der Verlust einer Nachricht sein. Daher ist es notwendig, Mechanismen zu integrieren, die eine gewisse Fehlertoleranz schaffen. Für den Betrieb einer verteilten Datenbank, wie sie die Blockchain darstellt, wird daher vereinbart, dass die einfache Mehrheit einer Aktion zustimmen muss, damit diese von allen als endgültig anerkannt wird. Das führt aber umgekehrt dazu, dass eine koordinierte Aktion einer einfachen Mehrheit auch dazu führen kann, dass falsche Informationen in der Blockchain gespeichert werden. Eine solche Attacke auf die Konsistenz wird als 51-Prozent-Angriff bezeichnet.

Mit Konsensmechanismen sollen Angriffe dieser Art schwer oder sogar unmöglich gemacht werden, indem die Teilnahme an der Abstimmung mit einem relativ hohen Aufwand verbunden ist (z.B. Rechenleistung, Vermögen, Speicherplatz). Der Erfinder der Bitcoin, der sich hinter dem Pseudonym Satoshi Nakamoto verbirgt, hat dafür im Jahr 2008 sein Konzept einer Proof-of-Work-Kette vorgestellt. In einem Blogbeitrag erklärt er:

> *„Die Proof-of-Work-Kette ist die Lösung für das Problem der byzantinischen Generäle. [...] Sobald jeder General die Angriffszeit erhält, die er zuerst gehört hat, lässt er seinen*

Computer ein extrem schweres Proof-of-Work-Problem lösen, das den Angriffszeitpunkt in einem ↗Hash beinhaltet. Das Proof-of-Work ist so schwierig, dass es voraussichtlich zehn Minuten dauert, es zu lösen, wenn alle gemeinsam daran arbeiten. Sobald einer der Generäle eine Lösung findet, strahlt er sie im Netzwerk aus, und jeder ändert das Proof-of-Work, sodass es den Hash des gelösten Proof-of-Work enthält. Wenn jemand zuvor mit einem anderen Angriffszeitpunkt gearbeitet hat, ändert er diesen, da die Proof-of-Work-Kette nun länger ist.

Nach zwei Stunden sollte eine Angriffszeit durch eine Kette von zwölf Proof-of-Works gehasht sein. Indem er die Schwierigkeit der Proof-of-Work-Kette verifiziert, kann jeder General sehen, wie viel parallele CPU-Power je Stunde und ob dafür die Mehrheit der Computer verwendet wurde. Sie müssen es alle gesehen haben, da der Proof-of-Work der Beweis dafür ist, dass sie daran gearbeitet haben. Wenn die CPU-Power, die für die Proof-of-Work-Kette verwendet wurde, ausreicht, um das Passwort zu knacken, können sie zur vereinbarten Zeit sicher angreifen.

Die Proof-of-Work-Kette ist der Weg, wie all die Probleme mit der Synchronisierung von verteilten Datenbanken [...] gelöst werden."[22]

Für die Validierung der Transaktionen gibt es inzwischen mehrere Konzepte, die sich deutlich voneinander unterscheiden:

– Verfügbare Rechenleistung ist das Kriterium für das **Proof-of-Work-Konzept**. Dieses Verfahren wurde mit der Bitcoin-Blockchain eingeführt. Dabei wird den Teilnehmern des Validierungsprozesses (den sogenannten *Minern*) eine komplizierte ↗kryptografische Aufgabe gegeben, nach deren Lösung sie neue Blöcke auf der Blockchain generieren. Dafür erhalten sie eine Belohnung. Auf diesem Prinzip basiert der

Bitcoin-Algorithmus ↗SHA-256. Der Nachteil dieses Konzepts ist allerdings der hohe Rechenaufwand und der damit einhergehende Stromverbrauch.

- Beim **Proof-of-Stake-Konzept** wird die Validierung durch bereits bestehende Kryptowährungsbestände in digitalen Geldbörsen vorgenommen. Als Belohnung werden Zinsen für die gehaltenen Bestände bezahlt. Der Nachteil dieses Konzepts ist, dass Teilnehmer mit größeren Guthaben auch deutlich größere Chancen haben, Zinsen zu erhalten.
- Beim **Proof-of-Space-Konzept** geht es darum, für das Lösen der gemeinsamen Aufgabe genug Speicherplatz reservieren zu können. Im Vorteil sind bei diesem Verfahren die Besitzer von großen Speicherkapazitäten. Die erst kürzlich vorgestellte Kryptowährung Chia verwendet ein solches Konzept und hat nach ihrem Launch im Frühjahr 2021 in Asien einen regelrechten Run auf Festplatten ausgelöst, sodass diese beispielsweise in Vietnam Mangelware wurden.[23]

Smart Contracts

Eine neuartige Anwendung der Blockchain stellen intelligente elektronische Verträge, sogenannte Smart Contracts, dar. Damit lassen sich Transaktionen starten, wenn bestimmte Auslöser eintreffen. Überdies kann man komplexe Finanzvereinbarungen wie Derivate, Auktionen oder Treuhandschaften speichern.

Im Versicherungsbereich können damit automatisiert Versicherungsverträge oder Zertifikate generiert werden, ohne dass der Versicherungsnehmer mit dem Versicherungsunternehmen in einen langwierigen Kontakt treten muss. Eine österreichische Versicherung nutzt Smart Contracts im Bereich der Transportversicherung, um die Geschwindigkeit des Vertragsabschlusses und die Kundenzufriedenheit zu verbessern. Sie beschreibt die neue Technologie in einer Presseaussendung:

„Kunden können in der Transportversicherung die benötigten Versicherungszertifikate für bevorstehende Transporte über eine eigene Plattform erstellen – selbstständig und rund um die Uhr. Dadurch sparen sie wertvolle Zeit, denn die Versicherungszertifikate können unmittelbar vor ihrem Einsatz erstellt werden, ohne sich Tage oder Wochen vorher darum kümmern zu müssen. Jeder Kunde verfügt über ein eigenes Nutzerprofil, das – je nach bestehendem Vertrag – gewissen Parametern unterliegt. Diese Parameter entscheiden darüber, für welche Transporte Zertifikate vom Versicherungsnehmer eigenständig erstellt werden können. Um ein Zertifikat zu erhalten, gibt der Kunde die Eckdaten des Transportes, wie die Route, das Transportmittel oder den Warenwert, auf der Plattform ein. Entsprechen diese Details dem Versicherungsvertrag, kann der Kunde das Dokument downloaden und ausdrucken."[24]

Probleme mit der Sicherheit und Zuverlässigkeit

Problematisch erscheint im Bereich der Blockchain, dass es keine anerkannten Standards gibt, und aus diesem Grund eine Übertragung von Verträgen auf fremde Blockchains schwierig ist. Überdies ist die nachhaltige Zuverlässigkeit der Anwendungen sehr hinterfragenswert, da hier die Resultate ganz neuer Softwareentwicklungen verwendet werden, die erst eine gewisse Robustheit erreichen müssen.

Forscher aus Deutschland und Singapur fanden im Jahr 2018 nach der Analyse von einer Million Verträgen auf der Ethereum-Blockchain 34.000 problematische Verträge. Die mit ihnen in Zusammenhang stehenden Programme agierten überhaupt nicht vertragskonform, sondern führten dazu, dass Übertragungen an falsche Transaktionspartner gingen, zu viele Mittel gesperrt wurden, oder die Verträge von anderen Benutzern aufgrund von Systemschwächen überhaupt gestoppt werden konnten.[25]

In der Vergangenheit haben Nutzer schon bittere Erfahrungen mit solchen Schwächen gemacht: 2016 stahl ein Hacker 55 Millionen Dollar aus einer „Dezentralen Autonomen Organisation" (DAO), die auf Grundlage der Ethereum-Blockchain arbeitete. Die Initiatoren hatten von 18.000 Personen 120 Millionen Dollar für einen neuartigen ↗Venture-Capital-Fonds eingesammelt, dessen Vermögen in 10,7 Millionen Einheiten der Kryptowährung Ether vorlag.[26]

Wie entsteht eine Blockchain-Anwendung?

Eine einfache Möglichkeit, ein Blockchain-Projekt zu starten, stellt die Verwendung der Softwareplattform *Hyperledger Fabric* dar. Damit können sogenannte DAPPS entwickelt werden. Das sind dezentrale Applikationen, deren Daten in einer Blockchain gehalten werden. Unter der Führung der Linux Foundation haben sich namhafte Konzerne wie IBM, SAP, American Express und Daimler-Chrysler im Hyperledger-Konsortium zusammengeschlossen, um eine relativ einfache und schnelle Möglichkeit für die Entwicklung von Blockchain-Anwendungen zu schaffen. Mit Hyperledger Fabric steht eine Technologie bereit, die auf der Ethereum-Blockchain basiert und Möglichkeiten für Smart Contracts mittels der Ethereum Virtual Machine (EVM) umsetzt.

Für ein solches Projekt kann einfach ein Cloud-Computing-Provider wie SAP oder Amazon Webservices (AWS) ausgesucht werden, der die *Hyperledger Fabric Blockchain*-Infrastruktur anbietet. Bei IBM ist es möglich, ein IBM-Cloud-Konto einzurichten und die Kosten für den Betrieb in der Blockchain basierend auf den tatsächlich verwendeten virtuellen Ressourcen pro Stunde abzurechnen. Entwickler können einen Monat lang gratis in der Programmiersprache Solidity entwickeln und testen und haben daher so die Möglichkeit, die ersten DAPPS kostenfrei zu entwickeln.[27] Der Markt für diese Entwicklungen ist sehr zukunftsträchtig. Umso größer ist der Mangel an Entwicklern, deren Gehälter zu den höchsten gehören, die im Bereich der Softwareentwicklung bezahlt werden.

Nach der Entwicklung einer DAPP empfiehlt sich vor der Inbetriebnahme in jedem Fall die Durchführung eines *Code Audit,* bei dem die Dokumentation analysiert, ein Code Review durchgeführt und die Applikation auf bekannte Schwachstellen abgeklopft wird. So kann man schon in dieser frühen Phase vermeiden, dass Fehler passieren, wie die vorhin erwähnten, bei denen Hacker die Blockchain und darauf basierende Programme angreifen und missbräuchlich verwenden.

Eine ganz moderne Ausprägung von DAPPS stellen die sogenannten ↗NFTs dar. Die Abkürzung steht für *Non-Fungible Token* und bezeichnet nicht teilbare Elemente einer Blockchain, die mit speziellen Algorithmen entwickelt wurden und als unveränderbare Eigentumszertifikate für physische oder digitale Objekte verwendet werden. Während Bitcoin die erste Kryptowährung war, betrachtet man NFTs als Grundlage für das „digitale Sammeln". Im Auktionshaus Christie's wurde im März 2021 ein NFT für über 50 Millionen Euro versteigert.[28]

Die Rolle der Internet-Suchmaschinen

Die mit Abstand wichtigste Technologie für FinTechs bleiben aber weiterhin die Internet-Suchmaschinen und dort allen voran Google. Durch seinen immensen Marktanteil – in manchen Teilen der Welt über 90 Prozent – ist Google der Hauptumschlagplatz für Informationen über Produkte, Dienstleistungen und auch über die Kunden der FinTechs.

Immer wieder führen Fake News zu einer Verzerrung des Markts oder zu falschen Erwartungshaltungen, indem neue Technologien zu Unrecht einem Hype unterworfen werden oder falsche Behauptungen die Aktien von Unternehmen abstürzen lassen. Umgekehrt werden betrügerische Projekte hochgelobt, und auf Basis manipulierter Bewertungen wird der Eindruck erweckt, dass unseriöse Vorhaben seriös seien.

Der richtige Umgang mit Google und die Handhabung der Kommunikation in den sozialen Medien ist mindestens genauso wichtig wie die Auswahl der richtigen Technologie und des richtigen FinTechs, um mit dem Einsatz einer neuen Technologie nachhaltige Erfolge im Markt zu erzielen.

– 3 –

Geld in vielen Formen

Krösus war einmal der reichste Mann der Welt. Heute kennen wir ihn nur aus Sprichworten, in denen von einem unverschämt wohlhabenden Menschen die Rede ist. „Ich bin doch kein Krösus" bedeutet, dass man kein Geld für etwas übrig und nichts zu verschenken habe. Dabei wird oft vergessen, dass alte Schriften aus der Türkei ein Loblied auf die Freigiebigkeit von König Krösus singen und er sich auch Verdienste erworben hat, die uns bis heute zugutekommen. Als letzter Herrscher des Volks der Lyder schuf er vor 2.500 Jahren einen Währungsraum, in dem Gold- und Silbermünzen kursierten. Diese gelten als erste *Coins* im Sinne von Metallmünzen, wie wir sie heute als Bestandteil unserer Währungen verwenden. Sie waren unterschiedlich schwer und wurden mit einem Stempel versehen, der die Echtheit garantierte und den Wert vermerkte.[29]

Die älteste heute in unserer neuen Welt noch in Verwendung befindliche Währung ist das Pfund Sterling, das seit dem 8. Jahrhundert auf den britischen Inseln Verbreitung fand und am Ende des 19. Jahrhunderts als Leitwährung der Welt fungierte. Im Jahr 1816 wurde der „reine" ↗Goldstandard eingeführt, der die Geldmenge an das Vorhandensein eines bestimmten Goldbestandes knüpfte. Banknoten konnten gegen Gold getauscht werden. Nachdem immer mehr Banknoten zum Einsatz kamen und das Bargeld überhaupt bald ins Hintertreffen gegenüber ↗Giralgeld kam (damit werden Bankguthaben bezeichnet, die jederzeit in Bargeld umgewandelt werden können), wurde der proportionale Goldstandard eingeführt, bei dem nur mehr ein Teil der Geldmenge in Goldbeständen gehalten wird. Die Ablöse des Britischen Pfunds als Leitwährung durch den US-Dollar ging einher mit dem Zerfall des britischen Weltreichs und dem Aufstieg der Vereinigten Staaten zur neuen Weltmacht. Während einer mehrere Jahrzehnte dauernden Übergangsperiode fungierten der französische Franc und die Deutsche Mark als Reservewährungen, bis im Jahr 1944 auf der Bretton-Woods-Konferenz 44 Staaten neben der Gründung des Internationalen Weltwährungsfonds feste Wechselkurse für ihre jeweiligen Währungen zum US-Dollar beschlossen.

Viele politische Entwicklungen wurden durch Währungskrisen ausgelöst oder markierten historische Wendepunkte. Der US-Dollar ist bis heute die unangefochtene Leitwährung der Welt. Einen Ausdruck dieser Dominanz stellt die Zusammensetzung der Fremdwährungsreserven der weltweiten Zentralbanken dar, an denen der US-Dollar einen Anteil von fast 60 Prozent hat.

Währung	**Ende 2020**	**Anteil**
US-Dollar	7.006	59 %
Euro	2.522	21,2 %
Japanischer Yen	716	6 %
Britisches Pfund	557	4,7 %
Chinesischer Renminbi	268	2,3 %
Kanadischer Dollar	246	2,1 %
Australischer Dollar	216	1,8 %
Schweizer Franken	21	0,2 %
Andere Währungen	320	3 %
Nicht zugeordnet	830	-
Gesamt	12.702	

Internationale Währungsreserven (in Milliarden US-Dollar)[30]

Zum Jahresbeginn 2021 gab es 179 von Regierungen unterstützte Währungen. Die jüngste davon ist das Südsudanesische Pfund, das seit dem Jahr 2011 existiert. Hinter all diesen Währungen stecken Zentral- oder Notenbanken oder in wenigen Fällen spezielle private Banken, die diese in einem regulierten Prozess ausgeben und zu deren Aufgaben vor allem die Sicherstellung der Geldwertstabilität und des Preisniveaus gehört. Für diese Form von Geld wird der Begriff Fiat-Geld verwendet. „Fiat" stammt aus dem Lateinischen und bedeutet „es werde" oder „es geschehe". Damit ist gemeint, dass für den Wert des Geldes das Vertrauen in eine Regierung oder Zentralbank notwendig ist, da ihr kein eigener Wert in Form von wertvollen Materialien innewohnt. Nach Maßgabe ihrer Reserven kann die Zentralbank jederzeit die Geldmenge erhöhen oder regulieren, indem sie neues Fiat-Geld druckt. Im Gegensatz dazu hat Warengeld einen inneren Wert, der aus den Materialen, aus denen sie bestehen, abgeleitet wird.

In allen Währungen gibt es unbares Geld und Bargeld – Letzteres wiederum in Form von Banknoten und Münzen, die von Staaten als gesetzliche Zahlungsmittel zugelassen sind. Daraus ergibt sich umgekehrt ein Annahmezwang für Gläubiger im jeweiligen Währungsraum, der bei Banknoten unbeschränkt, bei Münzen allerdings in den meisten Ländern aufgrund des Handhabungsaufwands beschränkt ist. In der Europäischen Union ist die Ausgabe von Bargeld im Vertrag über die Arbeitsweise der Europäischen Union geregelt:

> *„(1) Die Europäische Zentralbank hat das ausschließliche Recht, die Ausgabe von Euro-Banknoten innerhalb der Union zu genehmigen. Die Europäische Zentralbank und die nationalen Zentralbanken sind zur Ausgabe dieser Banknoten berechtigt. Die von der Europäischen Zentralbank und den nationalen Zentralbanken ausgegebenen Banknoten sind die einzigen*

Banknoten, die in der Union als gesetzliches Zahlungsmittel gelten.

(2) Die Mitgliedstaaten haben das Recht zur Ausgabe von Euro-Münzen, wobei der Umfang dieser Ausgabe der Genehmigung durch die Europäische Zentralbank bedarf. Der Rat kann auf Vorschlag der Kommission und nach Anhörung des Europäischen Parlaments und der Europäischen Zentralbank Maßnahmen erlassen, um die Stückelung und die technischen Merkmale aller für den Umlauf bestimmten Münzen so weit zu harmonisieren, wie dies für deren reibungslosen Umlauf innerhalb der Union erforderlich ist."[31]

Die Verwendung von Bargeld dominierte lange Zeit die Zahlungen in den deutschsprachigen Staaten. Man sprach in diesem Zusammenhang über die Schweiz und Deutschland von „Bargeldhochburgen". Das führte auch dazu, dass es eine hohe Anzahl von Banküberfällen gab, um Bargeld zu erbeuten, die allerdings mit fortschreitender Digitalisierung und geringerer Ausstattung der Bankfilialen mit hohen Bargeldmengen dramatisch zurückging.

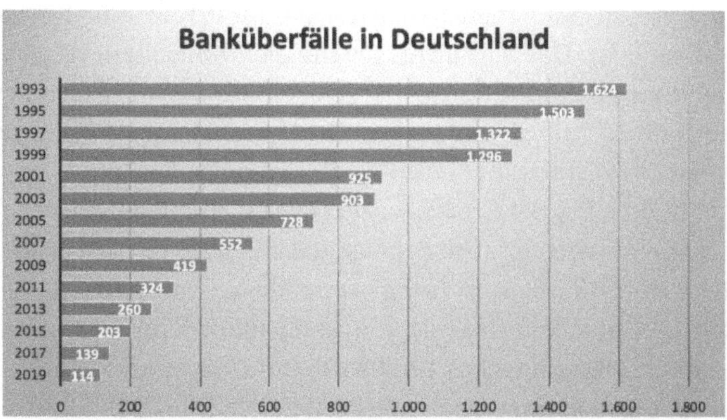

Abbildung 5: Zahl der Banküberfälle in Deutschland (1993–2019)

In Deutschland wurde im stationären Handel im Jahr 2018 erstmals mehr Umsatz mit unbarem Geld über den Einsatz von Karten gemacht als mit Bargeld.[32] Im Zuge der Corona-Pandemie, in der es zu einer breiten Diskussion über die Hygiene von Banknoten und Münzen und einem veränderten Bewusstsein über die Vorteile bargeldloser Zahlungen kam, setzte sich dieser Trend fort. Laut einer Studie des deutschen Handelsforschungsinstituts wurden zwar noch immer zwei Drittel der Transaktionen in Deutschland im Jahr 2020 mit Bargeld vorgenommen, allerdings wurden schon 56 Prozent der Handelsumsätze mit Karten bezahlt.[33]

Elektronisches Geld

Neben dem von Staaten als gesetzlichem Zahlungsmittel vorgesehenen Bargeld spielt das unbare Geld eine immer dominantere Rolle. Dazu zählt neben bargeldlosen Zahlungen auch die Einlösung von Schecks, Wechseln oder Sichteinlagen bei Geschäftsbanken. Diese Sichteinlagen werden als Giralgeld bezeichnet und stellen von Geschäftsbanken im Wege von Kreditvergaben geschaffenes Geld dar, das für Private oder Firmen verfügbar ist. Das Verhältnis der auf elektronischem Weg verfügbaren Geldmittel zum Bargeld wurde vom Wirtschaftsmagazin *Forbes* im Jahr 2019 auf 10:1 geschätzt (82,8 Billionen US-Dollar vs. 7,6 Billionen US-Dollar Bargeld).[34]

Mit dem Begriff *elektronisches Geld* (auch E-Geld oder digitales Geld) wird Geld bezeichnet, das nur elektronisch gespeichert ist – vor allem in Computersystemen von Banken. Ihm steht eine hundertprozentige Umwandelbarkeit in Fiat-Geld gegenüber. Elektronisches Geld wird von Dritten als Zahlungsmittel angenommen, ohne selbst ein gesetzliches Zahlungsmittel darzustellen.

Einige Zentralbanken haben inzwischen Pläne bekannt gegeben, ihre Währungen in digitaler Form als „digitales Zentralbankgeld" herauszubringen. Man kann sich das so vorstellen, dass Geldausgabeautomaten neben Geldscheinen zukünftig auch die digitale Form des Geldes ausgeben werden, die direkt auf einem Mobiltelefon oder einem anderen tragbaren Gerät gespeichert wird. Banken müssten dafür einen Teil ihrer Reserven in digitales Zentralbankgeld umtauschen, um dieses dann an ihre Kunden weitergeben zu können. Damit wird es dann möglich sein, auf Webseiten direkt mit dem elektronischen Geld zu bezahlen, ohne dabei den Umweg über Kreditkarten oder Überweisungen machen zu müssen. Allerdings ist bis dahin offenbar noch ein langer Weg zu gehen. Der Chef der US-Notenbank Federal Reserve (Fed), Jerome Powell, sieht für die Einführung der digitalen Version des US-Dollars die Notwendigkeit, dass der amerikanische Kongress (beide Kammern des Parlaments) seine Zustimmung erteilt. Die amerikanischen Federal-Reserve-Banken müssten dazu allen Bürgern und Einwohnern der Vereinigten Staaten elektronische Geldbörsen zur Verfügung stellen, auf denen die neuen Geldmittel gespeichert werden können. In einem vom demokratischen Senator Sherrod Brown im März 2020 eingebrachten Gesetzesentwurf, der sich „Banking for All Act" nennt, wurden die Rahmenbedingungen einer digitalen US-Währung festgeschrieben:[35]

- Zurverfügungstellung von digitalen Geldbörsen für jeden Bürger der USA
- Keine Gebühren für die Verwaltung der Guthaben in dieser Geldbörse
- Zinszahlungen für Guthaben in der digitalen Geldbörse dürfen nicht geringer ausfallen als die Zinsen, die Notenbanken für die gebildeten Reserven erhalten.
- Die neuen digitalen Geldbörsen müssen eine Funktionalität ähnlich Girokonten haben, damit sie für die üblichen Bank-

vorgänge verwendet werden können (Abbuchungsmöglichkeiten für ↗Debitkarten, Geldausgabegeräte, Verwendung im Online-Banking, Funktionalitäten für Dauer- und Abbuchungsaufträge).

- Überdies muss ein ausreichender Schutz gegen Betrug und ↗Geldwäsche eingerichtet werden.

Während die USA noch überlegen, wie sie weiter vorgehen werden, ist China ist ein Vorreiter in diesem Bereich. Dort hat die Zentralbank bereits eine digitale Form ihrer Währung Renminbi (übersetzt: „Volkswährung") im November 2020 in Umlauf gebracht. Zentralbankgouverneur Yi Gang berichtete der Nachrichtenagentur Reuters, dass im ersten Monat des Probelaufs bereits 2 Milliarden digitale Yuan (umgerechnet ca. 260 Millionen Euro) in 4 Millionen Transaktionen eingesetzt wurden.[36] Auch in der Europäischen Währungsunion wird intensiv über die Einführung des digitalen Euro nachgedacht. Die Europäische Zentralbank rechnet allerdings damit, dass noch fünf Jahre Entwicklungszeit notwendig sind, bis eine solide Lösung implementiert werden kann, die viele Vorteile mit sich bringt:

> *„Ein digitaler Euro würde die Effizienz eines digitalen Zahlungsmittels bieten und wäre gleichzeitig sicheres Zentralbankgeld. Er würde sich dort anbieten, wo Menschen nicht mehr lieber mit Bargeld bezahlen. Außerdem würde er verhindern, dass wir von digitalen Zahlungsmitteln abhängig werden, die in Ländern außerhalb des Euroraums ausgegeben und von dort aus kontrolliert werden. Denn dies könnte die finanzielle Stabilität und geldpolitische Souveränität untergraben. Der Schutz der Privatsphäre wird beim digitalen Euro einen hohen Stellenwert haben. So kann der digitale Euro dazu beitragen, das Vertrauen in Zahlungen auch im digitalen Zeitalter aufrechtzuerhalten."*[37]

In einer Studie des Thinktanks „Agenda Austria“ wurde dargestellt, dass wir derzeit in Europa aus Währungssicht noch in den 1970er Jahren leben. Laut der Studienautorin Heike Lehner bevorzugen Österreicher weiterhin Bargeld, da es anonym genutzt werden kann, und bei digitalem Geld die Gefahr staatlicher Kontrolle über die Verwendung bis hin zu einer Sperre bestehen könnte.[38]

Die schwedische Notenbank ist da schon einen Schritt weiter in ihren Bemühungen um eine elektronische Form der Schweden-Krone, um damit auf den dramatischen Rückgang der Bargeldnutzung zu reagieren. Die Riksbank plant, die e-krona in Form von fälschungssicheren elektronischen Einheiten, sogenannten ↗Token, an Geschäftsbanken auszugeben. Ein „Notarstelle“ genannter Prozess soll verhindern, dass die Token mehrfach verwendet werden. Banken können das digitale Geld in elektronische Geldbörsen von Kunden überweisen, die in Form von Apps in Mobiltelefonen, in Terminals oder in Smartwatches existieren können. Jede digitale Geldbörse muss dafür von einem Mitglied des e-krona-Netzwerks freigeschaltet werden. Dann kann der Besitzer digitales Geld erhalten oder mit diesem etwa in einem Geschäft bezahlen, Geldüberweisungen vornehmen oder seinen Kontostand abfragen:

> *„Die Riksbank sieht die Probleme im Rückgang der Nutzung von Bargeld und hat daher ein Pilotprojekt gestartet, um einen Vorschlag für eine technische Lösung für elektronisches Zentralbankgeld zu erarbeiten – eine e-krona, die komplementär zu Bargeld bestehen soll. [...] Die Lösung wird auf einer verteilten Datenbank basieren, die häufig als Blockchain-Technologie bezeichnet wird.“*[39]

Die Blockchain-Technologie für die Schweden kommt von der amerikanischen Firma R3 und stellt die Basis für ein privates

Netzwerk dar, bei dem die Transaktionen nur für die Teilnehmer und die Zentralbank einsehbar sind.

In anderen Ländern der Welt ist die Situation eher unübersichtlich. So wurde schon seit 2015 darüber berichtet, dass in Tunesien der eDinar durch die dortige Zentralbank herausgegeben werden solle. Schließlich erschien im Jahr 2019 eine digitale Währung mit dem Namen uDinar, bei der die Emittenten ursprünglich von einer Kooperation mit der Zentralbank sprachen. Diese distanzierte sich aber ausdrücklich davon, dass sie mit der Ausgabe dieser angeblichen digitalen Währung zu tun habe. Wie sich herausstellte, hatte die russische Firma Universa auf der technologischen Basis einer Blockchain eine neue Kryptowährung mit dem Namen uDinar geschaffen, die angeblich mit Reserven in der tunesischen Landeswährung Dinar operieren soll.[40] Es handelt sich aber dabei nicht um eine elektronische Zentralbankwährung, sondern um eine privatwirtschaftliche Kryptowährung.

Im Senegal wurde im Jahr 2017 eine elektronische Version des CFA Franc, der in vielen Ländern Westafrikas verwendet wird, von der Geschäftsbank Banque Régionale de Marchés (BRM) ins Leben gerufen, die nach eigenen Angaben die Auflagen der Zentralbank der westafrikanischen Währungszone als auch der Zentralbank der westafrikanischen Wirtschafts- und Währungsunion erfüllt. In Zusammenarbeit mit der irischen Firma eCurrency Mint Ltd. entstand der eCFA, der weder eine Kryptowährung noch eine digitale Zentralbankwährung darstellt, sondern einfach eine digitale, von einer Bank herausgegebene Währung.[41]

Schließlich ist auch die Situation in Venezuela bemerkenswert, wo die Regierung des international geächteten Regimes von Nicolás Maduro mit dem Petrodollar eine mit Ölreserven abgesicherte zweite Zentralbankwährung entwickelte. Bei dieser Währung gibt es hinsichtlich ihrer Stabilität große Fragezeichen, da die venezolanische Landeswährung Bolívar einer dramatischen Abwertung unterworfen ist und sich die venezolanische Wirtschaft in einer Abwärtsspirale befindet. Der Petrodollar wird unter dem Kürzel XPD auf einigen wenigen Krypto-Plattformen gehandelt und hatte im März 2021 eine Marktkapitalisierung von lediglich 1,2 Millionen Euro.

Abbildung 6:
Kursentwicklung der venezolanischen Währung Petrodollar

Die neue Facebook-Währung Diem

Sehr interessant ist die Entwicklung der ursprünglich unter dem Namen Libra geplanten „Facebook-Währung", die nunmehr als Diem für den Markteintritt am Ende des Jahres 2021 erwartet wird. Diem soll eine sogenannte ↗Stablecoin sein, die über multinationale Reserven verfügt, die in Fiat-Geld abgebildet sind (Staatsanleihen, Bargeld). Als Herausgeber soll nach der Genehmigung durch die Schweizer Finanzmarktaufsicht die Diem Association in der Schweiz agieren. Die Transaktionen des Diem sollen nicht in einer Blockchain, sondern in einer zentralen Datenbank gespeichert werden. Überdies wird die digitale Geldbörse *Novi* entwickelt, die für die Benutzer unentgeltlich zur Verfügung stehen soll.

Nachdem ursprünglich vom Betreiberkonsortium geplant war, eine einzige Diem-Coin zu emittieren, ist jetzt von drei verschiedenen Coins die Rede, die als Diem-Euro, Diem-Dollar und Diem-Pfund mit Reserven in der jeweiligen namensgebenden Fiat-Währung unterlegt werden sollen.[42] Zusätzlich dazu soll eine Multi-Währungs-Coin geschaffen werden, die auf den anderen drei Coins basiert. Damit würde die Diem Association über eine multinationale Währungsfamilie verfügen, die Reserven in gleicher Höhe aufbaut, wie sie digitale Geldeinheiten ausgibt. Die Finanzierung würde über die Verzinsung der Reserven stattfinden.

Die Diskussion um die Initiative von Facebook illustriert vor allem, dass weitreichende Veränderungen in diesem Bereich bevorstehen, und dass eine gewisse Unsicherheit über die Zukunft des Geldes und der Währungen besteht. Zentralbanken stehen unter großem Druck, um digitale Versionen ihrer Währungen zu schaffen, damit private (Krypto-)Währungen ihnen in der digitalen Welt nicht den Rang ablaufen.

Interview mit Professor Friedrich Rödler

Professor Friedrich Rödler ist eine der renommiertesten Persönlichkeiten der österreichischen Finanzwirtschaft. Er war viele Jahre lang verantwortlich für die österreichische Niederlassung der Beratungsfirma PWC, ist Präsident des Aufsichtsrats der Erste Bank Group und Mitglied des Vorstands von Transparency International.

Abbildung 7: Professor Friedrich Rödler

Im nachfolgenden Interview stellt er seine persönliche Sicht auf die Entwicklungen im Bereich der Währungen und des internationalen Zahlungsverkehrs dar und geht auch auf die Rolle der FinTechs ein.

Die Erste Bank war einer der Vorreiter im Hinblick auf den Einsatz von Internet-Banking. Wie viele Ihrer Kunden benutzen in Österreich ausschließlich Internetbanking, wie viele benutzen es gar nicht, und wie viele nutzen sowohl den Besuch von Bankfilialen als auch elektronische Interaktionsmöglichkeiten?
Die österreichischen Bankkunden sind Multi-Channel-User. 59 Prozent von ihnen nutzen sowohl die Filialen für den persönlichen Kontakt als auch elektronische Interaktionsmöglichkeiten. Dieser Wert ist in den letzten Jahren angestiegen. Rund 10 Prozent unserer Kunden in Österreich sind ausschließliche Online-Kunden. Diese Kundengruppe ist in den letzten Jahren stetig gewachsen.

Die Bedrohungslage für Banken hat sich durch die Digitalisierung verändert: Der bewaffnete Bankraub ist stark zurückgegangen, während digitale Angriffe zugenommen haben. Wie sieht die Statistik der Banküberfälle der Erste Bank in den letzten 20 Jahren in Österreich aus? Auf der anderen Seite: Wie vielen Cyberattacken sind Sie ausgesetzt?

Bis 2006 war Österreich einer permanent steigenden Anzahl an Banküberfällen ausgesetzt. Bundesweit wurden bis zu 127 Raubüberfälle auf Banken pro Jahr verzeichnet. Ausgehend von dieser Situation haben die Sicherheitsverantwortlichen aller größeren Banken vereinbart, noch enger zusammenzuarbeiten und gemeinsam eine Sicherheitsinitiative ins Leben gerufen. Wir sind stolz darauf, dass die Erste Bank in Österreich diese Initiative wesentlich mitgestaltet hat. Erhebliche Verbesserungen im baulichen, technischen und organisatorischen Bereich haben eine deutliche Wirkung gezeigt, und die Zahl der Raubüberfälle ist auf etwa 40 im Jahr gesunken.

Die Frage impliziert völlig richtig, dass Cyberkriminalität gleichzeitig stark ansteigt. Insgesamt berichtet das Innenministerium von etwa 20 Prozent Zuwachs im Jahr 2020. Die daraus resultierenden Herausforderungen betreffen alle Banken und führen zu permanenten Verbesserungen unserer Systeme. Auch wir sind laufend einer Vielzahl von Cyberattacken ausgesetzt, daher hat Cyber-Security bei uns höchste Priorität.

Wir leben im Zeitalter der fortschreitenden Digitalisierung, von der gerade der Finanzsektor besonders stark betroffen ist. Laufend gibt es neue Entwicklungen, speziell auch im Bereich neuer Zahlungsmittel. Wie beurteilen Sie die Entwicklungen hinsichtlich der Einführung von digitalen Zentralbankwährungen, wie z.B. des „digitalen Euro", und wieso dauert das so lange (die EZB spricht von fünf Jahren Entwicklungszeit)?
Dass die Zentralbanken in Schweden, Singapur und China bereits an digitalem Zentralbankgeld arbeiten, zeigt vor allem, dass diese Entwicklung nicht auf ein Wirtschaftssystem, ein Rechtssystem oder ein gemeinsames Datenschutzverständnis beschränkt bleiben wird. Da die Entwicklung mit vielen technischen und rechtlichen Fragen verbunden ist, wird sie noch einige Zeit in Anspruch nehmen, aber auch in Zukunft wird die EZB nicht in die Zahlungsabwicklung eingebunden sein, son-

dern es wird beaufsichtigte Institute benötigen, die dies übernehmen. Ich denke deshalb, dass gerade auf die bestehenden Marktteilnehmer eine noch größere und verantwortungsvollere Rolle zukommt, weshalb wir die Entwicklung eines digitalen Euro auch weiterhin aktiv begleiten werden. Ganz gleich in welcher Form digitale Zentralbankwährungen eingeführt werden, sie werden auf absehbare Zeit bloß eine zusätzliche Ergänzung zum bisherigen Angebot darstellen und Bargeld nicht verdrängen können.

Facebook arbeitet intensiv an einer Familie eigener Kryptowährungen, die von einer Schweizer Stiftung emittiert werden sollen. Müssen hier nicht die Zentralbanken aufpassen, dass solche „Unternehmenswährungen" ihren Währungen nicht den Rang ablaufen?
All diese Entwicklungen werden nicht von heute auf morgen geschehen, aber ganz gleich, wie die Resultate aussehen, „Unternehmenswährungen" werden niemals die Stellung echter Währungen haben, da hinter ihnen, im Gegensatz zu „richtigen" Währungen, kein Staat und keine Zentralbank stehen. Diese Institutionen werden sich den durch Geld- und Fiskalpolitik nötigen politischen Gestaltungsspielraum auch nicht nehmen lassen und sehr bald auch für private Anbieter enge regulatorische Grenzen setzen.

Mitten in der Corona-Pandemie begann ein neuer Hype um die ↗Kryptowährung Bitcoin, im Zuge dessen diese ihren Handelswert vervielfachte und auch die Kurse anderer Kryptowährungen in die Höhe gingen. Wie sieht Ihre Prognose für die weitere Entwicklung des Kryptowährungsmarkts aus?
Ich möchte voranstellen, dass man Bitcoin nicht als Kryptowährung, sondern als ↗Krypto-Asset einstufen sollte. Bitcoin und andere ähnliche Anbieter erfüllen wesentliche Eigenschaften von Währungen nicht, sondern sollten eher als Investitions-

wenn nicht sogar Spekulationsobjekt gesehen werden. Dass dieses Spekulationsobjekt oftmals für Geldwäsche und andere kriminelle Aktivitäten genutzt wird, ist mittelfristig ein großes Hindernis, wenn die Anwendung über ein Hype-Momentum hinausgehen soll. Zusätzlich ist noch der hohe Energieverbrauch beim Mining ein Problem, das gelöst werden muss. Ob sich deshalb hier weiter Kapital sammeln wird oder nicht, hängt von vielen externen Faktoren ab. Aktuell gibt es - Stichwort Volatilität, Geldwäsche, Energieverbrauch - immer noch zu viele Fragezeichen, um sagen zu können, ob sich Bitcoin und andere Anbieter auch breiter durchsetzen werden.

Im Jahr 2018 hat die Erste Bank eine zur Gänze auf Blockchain basierte Kapitalmarktemission mit der österreichischen staatlichen Autobahnbetreiberfirma ASFINAG auf den Markt gebracht.[43] Gab es Folgeprojekte auf Basis dieser Plattform, und wird das Geschäft mit Blockchain-basierten Produkten ausgebaut?
Die Emission im Auftrag der ASFINAG war ein Startpunkt für unsere Blockchain-basierte Emissionsplattform. Wir glauben auch nach diesem ersten Projekt, dass uns die Blockchain-Technologie das Vertrauen und die Sicherheit gewährleisten kann, die für Kapitalmarkttransaktionen grundlegende Voraussetzungen sind. Deshalb haben wir neben weiteren erfolgreichen Emissionen von Schuldscheindarlehen mittlerweile auch das Produktuniversum auf der Plattform um syndizierte Kredite und auch Anleihen erweitert.

Rund um die Verwendung von Kryptowährungen bestehen auch Sorgen, weil diese von Kriminellen verwendet werden, die damit die Herkunft illegaler Gelder verschleiern und Geldwäsche betreiben oder im Rahmen schwerer Straftaten verwenden. Wie geht Ihr ↗Compliance-Bereich mit diesen neuen Gefahren um?

Wir sind bei Kryptowährungen grundsätzlich sehr zurückhaltend, da wir das Risiko für unsere Kunden als sehr hoch einschätzen. Was wir vor allem wahrnehmen, ist, dass die Forderungen bei Erpressungen im digitalen Bereich, IBAN-Betrug und anderen Delikten mittlerweile fast ausschließlich in Bitcoin oder anderen Kryptowährungen bzw. -Assets gestellt werden. Uns als Bank bzw. unsere Compliance-Abteilungen betrifft das nicht direkt, aber es erschwert natürlich die Aufklärungsarbeit der Polizei und der Strafermittlungsbehörden.

Wird es bald möglich sein, von einem Erste-Bank-Konto aus direkt Kryptowährungen zu kaufen?
Der Kern des Bankengeschäfts ist Vertrauen und Stabilität. Kryptowährungen sind ein Nischenprodukt und haben alleine schon aufgrund ihrer Volatilität eine gänzlich andere Rolle in der Finanzwelt. Berührungspunkte dieser beiden Welten müssen deshalb mit großer Vor- und Umsicht geplant werden. Der direkte Kauf von Kryptowährungen oder ein entsprechendes Angebot an ↗Wallets wird es von der Erste Bank deshalb auf absehbare Zeit nicht geben. Realistischer erscheint ein Angebot, das sich auf den bestehenden sicheren und etablierten Rechtsrahmen bezieht, wie beispielsweise Fonds, die in Kryptowährungen investieren.

JP Morgan hat mit der JPM Coin eine eigene Kryptowährung geschaffen.[44] Planen Sie auch in der Erste Bank eine eigene Kryptowährung?
Aus heutiger Sicht kann ich dies klar verneinen.

Die Erste Bank hat nach der Insolvenz von Wirecard die Abwicklung der virtuellen Kreditkarte des Wirecard-Ablegers Boon für das Service Swatch Pay übernommen.[45] Wie sehen Sie dieses Geschäftssegment der virtuellen Kreditkarten? Wird die Erste Bank hier verstärkt am Markt auftreten?

Bei allen Fragen steht im Zentrum unserer Überlegungen, ob wir damit unserem Anspruch als Finanzpartner über alle Lebenslagen unserer Kundinnen und Kunden hinweg gerecht werden können. Virtuelle Kreditkarten sind heute Teil des Alltags, und gerade bei Fragen der Usability möchten wir, wie wir es auch bereits mit unserer modernen Internet-Banking-Anwendung George erfolgreich gezeigt haben, auch weiterhin eine Vorreiterrolle einnehmen.

Welche Innovation aus dem FinTech-Bereich erscheint Ihnen die derzeit wichtigste und zukunftsträchtigste, und wie baut die Erste Group diese in ihre Geschäfte ein?

In den letzten Jahren sind für beinahe jede erdenkliche Finanzdienstleistung ein oder gleich mehrere FinTechs entstanden. Vielfach besteht die Innovation darin, dass Services und Prozesse benutzerfreundlicher - da z.B. digitaler - angeboten werden. Das Produkt selbst ist oft ähnlich zu klassischen Bankprodukten. Was wir zunehmend beobachten, ist, dass es für FinTechs nach wie vor schwer ist, ein nachhaltiges Geschäftsmodell aufzubauen. Deswegen ist auch nicht jedes innovative FinTech automatisch zukunftsträchtig - es braucht beides, sowohl Innovation als auch Nachhaltigkeit im Geschäftsmodell.

Wir beobachten, dass der Fokus von FinTechs neben Privatkunden zunehmend auch auf Lösungen für Unternehmen liegt und hier insbesondere in neue Lösungen für Finanzierungen investiert wird. Zusätzlich wächst die Anzahl an FinTechs, die sich auf den Bereich Nachhaltigkeit fokussieren (z.B. Green Finance). Ein weiterer Trend ist *Bank the unbanked,* also diejenigen mit Finanzdienstleistungen zu servicieren, die derzeit nur eingeschränkten oder keinen Zugang dazu haben. Aus der Erfahrung der letzten Jahre wissen wir aber, dass Trends immer nur Momentaufnahmen sind.

Sich auf eine einzige, zentrale Innovation aus dem FinTech-Bereich festzulegen, ist aufgrund der Vielfalt nur schwer möglich und wohl auch nicht sinnvoll, da Banken durch diese Trends auch oft auf Verbesserungspotenzial aufmerksam gemacht werden. Die Erste Group arbeitet stets daran, selbst eine treibende Kraft für Innovation im Finanzsektor zu sein (z.B. mit unserem R&D Hub George Labs). Gleichzeitig schauen wir uns natürlich auch vieles sehr genau an, was neu auf den Markt kommt. Unser Geschäftsmodell wird an sich „digitaler“, und viele FinTechs sind ein guter Ansatz, um selbst über die Benutzerfreundlichkeit der eigenen Produkte zu reflektieren.

– 4 –

Bitcoin & Co.

Seit der Entwicklung von Bitcoin im Jahr 2008 werden der Sinn und die Funktion von digitalem Geld und die Zukunft von ↗Kryptowährungen breit diskutiert. Eine Grundfrage ist, ob es sich dabei wirklich um neue Zahlungsmittel handelt, die sich durchsetzen werden, oder ob im Vordergrund eher die Spekulation steht, wie das auch bei Edelmetallen der Fall ist.

Während auf der einen Seite riesige Gewinne locken, wenn man früh genug in eines dieser neuen digitalen Assets investiert, gibt es Unglückliche, die einfach den falschen Zeitpunkt für ihre Investition erwischen, und viele Geschädigte, die Betrügern aufsitzen. Diese geben typischerweise nur vor, Geld in einer neuen Kryptowährung zu veranlagen oder elektronische Anteile zu verkaufen, die im Wege von virtuellen Börsengängen (↗Initial Coin Offerings – ICOs) emittiert werden. Häufig handelt es sich dabei aber um kriminelle Schneeball-Veranlagungssysteme, bei denen das Geld der Anleger nach einer gewissen Zeit in die Hände von Verbrechern fließt.

Kryptowährungen sind überdies eine Art siamesischer Zwilling des ↗Darknets, mit denen man dort auf kriminellen Handelsplätzen verbotene Waren und Dienstleistungen kaufen kann – zum Beispiel Kinderpornografie, Waffen, gefälschte Dokumente oder harte Drogen. *Crime as a service* nennt sich gar ein Geschäftszweig des Darknets, in dem man mit Kryptowährungen kriminelle Handlungen wie Cyber-Attacken, digitale Verleumdung, Überfälle oder Morde bezahlen kann. Auch Terroristen haben längst diese neuen Möglichkeiten entdeckt und lassen Mitgliedsbeiträge von radikalisierten Anhängern für ihre Organisationen und Spendenzahlungen bequem in ↗Krypto-Wallets fließen, ohne dass es für die Behörden möglich ist, den Spender oder die Terrororganisation zu finden.

Dabei stehen wir erst am Anfang der Entwicklung: Alle 5.500 Kryptowährungen zusammen hatten Anfang August 2021 eine Kapitalisierung von ca. 1.5 Billionen Euro - was etwa 17 Prozent der weltweiten Bargeldmenge von 8,5 Billionen Euro entspricht.

Von der deutschen Finanzmarktaufsicht BaFin werden Kryptowährungen als *privates Geld* bezeichnet. Dabei handelt es sich genauer betrachtet um elektronisches Geld, das mit speziellen Algorithmen errechnet und verschlüsselt wird. Die meisten Kryptowährungen verfügen über einen Transaktionslog, der in ↗Blockchains abgebildet ist. Allerdings bedingt das eine nicht das andere:

- Die Blockchain-Technologie kann auch unabhängig von der Verwendung für Kryptowährungen für andere Zwecke eingesetzt werden (zum Beispiel für die Speicherung von Verträgen).
- Kryptowährungen können ohne Blockchain-Technologie existieren. Beispiele dafür sind IOTA, Nano und Obyte, die eine DAGT (Direct Acyclic Graph Tangle) genannte Datenstruktur benutzen.

Die erste Kryptowährung überhaupt war Bitcoin, von der im Augenblick ca. 18 Millionen Einheiten im Umlauf sind. Sie erreichte Mitte Anfang August eine Marktkapitalisierung von über 700 Milliarden Euro. Die Menge an Bitcoins ist auf 21 Millionen begrenzt. Für das große Kurswachstum sorgten jüngst Ankündigungen von Paypal, Visa und Mastercard für Schnittstellen zu ihren Zahlungsprodukten und der Ankauf von Bitcoin im Veranlagungsportfolio großer Unternehmen (z.B. von Tesla).

Wenn man die Kapitalisierung der Kryptowährungen mit der Börsenkapitalisierung großer börsennotierter Banken und Zahlungsdienstleister vergleicht, hat Bitcoin diese inzwischen überholt. Neben Bitcoin, die derzeit ca. die Hälfte des weltweiten Kryptowährungshandels ausmacht, hat sich Ether klar als weltweite Nummer 2 etabliert. Da Kryptowährungen sehr volatil sind, kann immer nur eine Momentaufnahme abgebildet werden. Nachfolgend finden sich ein Vergleich der Marktkapitalisierung von Kryptowährungen Mitte April 2021, als diese den bisherigen Höchststand aufwiesen, mit großen an der Börse notierten Unternehmen:

#	**Name**	**Land**	**Kapitalisierung in Milliarden Euro** (Mitte April 2021)
1	*Bitcoin (BTC)*	-	*972*
2	Visa Inc.	USA	406
3	JP Morgan Chase	USA	381
4	Mastercard	USA	312
5	Bank of America	USA	286
6	Paypal	USA	260
7	*Ether (ETH)*	-	*234*
8	ICBC	China	233
9	China Construction Bank	China	177
10	Agricultural Bank of China	China	146

Vergleicht man den Börsenwert der größten Banken im deutschen Sprachraum mit der Kapitalisierung von Kryptowährungen, so sieht man, dass auch relativ unbekannte Titel vor oder zwischen den drei jeweils größten Instituten der Schweiz, Österreichs und Deutschlands gereiht werden könnten:

#	Unternehmen / Kryptowährung	Land	Kapitalisierung in Milliarden Euro (Mitte April 2021)
1	UBS	Schweiz	47
2	*Cardano (ADA)*	-	*45*
3	Deutsche Bank	Deutschland	21
4	*Litecoin (LTC)*	-	*20*
5	*Bitcoin Cash (BCH)*	-	*20*
6	*Uniswap (UNI)*	-	*19*
7	*Chainlink (LINK)*	-	*17*
8	Erste Bank	Österreich	14
9	*Stellar Lumens (XLM)*	-	*14*
10	*Filecoin (FIL)*	-	*12*

Bitcoin (BTC) – der Pionier

Als Bitcoin (Handelsabkürzung: BTC) 2008 auf den Markt kam, hatte es schon viele Jahre lang Versuche mit ähnlichen Ansätzen gegeben, die allerdings ohne die bahnbrechende Blockchain-Technologie zumeist daran scheiterten, dass keine geeignete kostengünstige und zuverlässige Möglichkeit zur Verfügung stand, um Transaktionen dezentral zu speichern.

Die zum Bitcoin-Netzwerk gehörige Blockchain beruht auf zwei wichtigen Fundamenten: Da wären einerseits die sogenannten *Full Nodes*, die Knotenpunkte, an denen jeweils die gesamte Blockchain gespeichert ist, und die Nachrichten untereinander verteilen. Der Speicherbedarf der gesamten Blockchain betrug auf einem solchen Knoten zum Jahresanfang 2021 ca. 350 Gigabyte. Eine große Anzahl dieser Knoten befand sich zu diesem Zeitpunkt in den USA (19 Prozent) und in Deutschland (18 Prozent). Die Betreiber erhalten keinerlei finanzielle

Vergütung für den Betrieb. Um einen Bitcoin-Node zu betreiben, kann man sich eine fertige Hardware-/Software-Konfiguration kaufen und diese auch in Zusammenhang mit einem Wallet betreiben, dessen Adresse im eigenen Knoten gespeichert ist. Über die Zahl dieser Knotenpunkte gibt es unterschiedliche Schätzungen, die von 10.000 bis fast 100.000 gehen - unten die Verteilungsgrafik einer der Firmen, die *Full Nodes* mit offenen Ports aufführt (Stand Mitte April 2021):

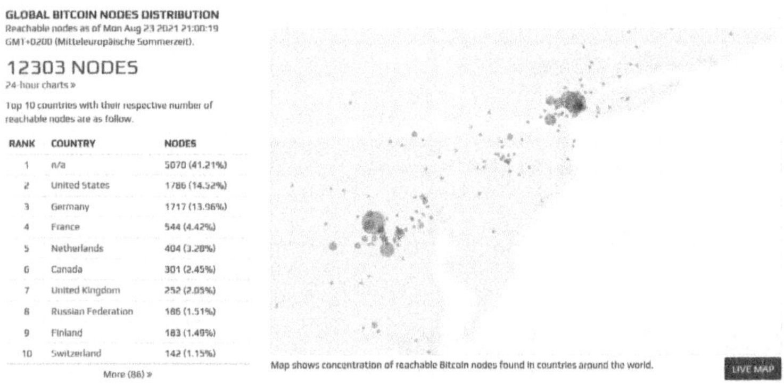

Abbildung 8:
Weltweite Verteilung von Bitnodes

Das zweite Fundament der Bitcoin-Währung sind die *Bitcoin Miner*, die elektronische Verfahren ausführen, die man als „elektronische" Münzprägung verstehen kann. Im Rahmen komplexer Rechenoperationen wird der Bitcoin-Konsensalgorithmus ausgeführt. Dazu laufen unentgeltlich verfügbare Programme (z.B. CGMiner) auf Computersystemen, die in vielen Fällen dediziert für diese Aufgabe aufgestellt werden. Die Tätigkeit wird den Minern wiederum in Bitcoins vergütet. Im Jahr 2021 gab es bereits über eine Million Miner, von denen sich fast zwei Drittel in China befanden.

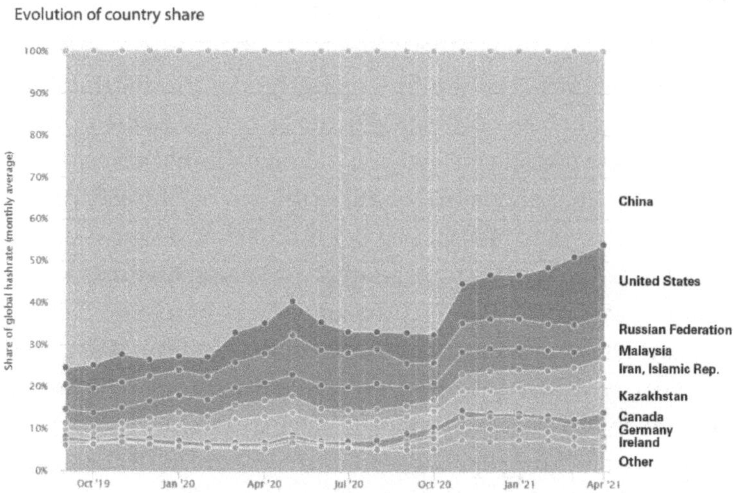

Abbildung 9:
Bitcoin Mining - Verteilung (April 2021)

Die Unabhängigkeit von Bitcoin von Unternehmen und Staaten wird von den Befürwortern als großer Vorteil gesehen. Jeder kann mit Bitcoin-Mining Geld verdienen, jeder kann Bitcoin-Nodes betreiben. In der Realität entstehen dadurch jedoch auch große Probleme. Die Konzentration der Miner auf China hat mit dem billigen Strom aus den dortigen Kohlekraftwerken zu tun und trägt sehr viel zur Umweltverschmutzung bei. Von 2017 bis 2021 stieg der Energieverbrauch für die Bitcoin-Blockchain um das Zehnfache an. Der derzeitige Stromverbrauch im Jahr 2021 dafür entspricht ungefähr einem Fünftel des Stromverbrauchs von ganz Deutschland oder dem Stromverbrauch der Niederlande, wobei er schwierig zu errechnen ist, da die von den Minern verwendete Hardware unterschiedlich viel Strom pro Rechenoperation verwendet. 2018 wurden weltweit 26.614 Terawattstunden elektrische Energie produziert. In diesem Kontext würde Bitcoin schon jetzt ungefähr 0,5 Prozent der weltweit produzierten elektrischen Energie benötigen.

Bitcoin basiert somit auf einer ziemlich neuen Technologie, die sehr wenig umweltverträglich ist. Beim Bitcoin-Mining machen die Stromkosten bis zur Hälfte der Produktionskosten aus. Daher konzentrieren sich die Miner auf Gebiete, in denen Energie günstig ist - wie Island oder China, wo fast zwei Drittel der Rechenoperationen stattfinden. In China befinden sich auf dem sensiblen Gebiet der ethnischen Minderheit der Uiguren (Xinjiang) 30 Prozent und in Sichuan 20 Prozent, zusammen insgesamt fast 50 Prozent der weltweiten Rechenkapazität. Die Stromkosten betragen dort ungefähr 10 Prozent der Kosten, die in unseren Ländern dafür entstehen würden. Die starke Abhängigkeit von China wird aber im Hinblick auf die Unterdrückung der Uiguren durch die chinesische Regierung sehr kritisch gesehen.

Chinas Dominanz im Mining ist allerdings inzwischen etwas im Schrumpfen begriffen. 2019 hatten chinesische Miner noch 75 Prozent Anteil an der sogenannten Bitcoin-↗Hash-Rate. Mit dem Verbot des Minings in der Inneren Mongolei im April 2021 und weiteren staatlichen Einschränkungen dürfte der Anteil von China im Laufe des Jahres unter 50 Prozent fallen. Kompensiert wird der Wegfall durch eine starke Zunahme in nordischen Ländern wie Norwegen, Schweden und Island, wohin die Kapazitäten übersiedeln. In diesen Ländern überzeugen das kühle Klima, das geringe Ausgaben für die Kühlung der Rechensysteme nach sich zieht, und auch der relativ geringe Strompreis.[46]

Eines der großen Probleme rund um Bitcoin ist auch die Menge an Elektroschrott, die entsteht. Zu Beginn konnte jeder beim Mining mitmachen. Ab 2010 waren schon Rechner mit guten Grafikkarten gefragt (sogenannte *Graphics Processing Units* - GPUs), die eine bis zu hundertfach höhere Rechenkapazität hatten. Ab 2013 wurde spezielle Hardware eingesetzt, die für diesen Anwendungsfall mit integrierten applikationsspezifischen Schaltkreisen (ASICs) optimiert waren. Damit konnte die Verarbeitung noch einmal um den Faktor 100 gesteigert werden, indem nur die Berechnung von 256-Bit-Hashwerten in den Mittelpunkt gestellt wurde.

Eine geradezu revolutionäre Entwicklung stellt der Plan von El Salvador dar, Bitcoin als offizielle Währung im Land einzuführen. Das Vorhaben fußt auf dem Pilotprojekt „Bitcoin-Beach“, bei dem Angestellte aus einer Region des armen zentralamerikanischen Staats in Bitcoin bezahlt wurden. Der ambitionierte, erst 40-jährige Staatspräsident Nayib Bukele möchte noch im Jahr 2021 Bitcoin zusätzlich zum US-Dollar als Landeswährung einführen und sieht darin mehrere Vorteile:

- Menschen ohne Zugriff zu Bankkonten oder Finanzdienstleistungen könnten in den Wirtschaftskreislauf aufgenommen werden.
- Die Zentralbank könnte ihre Währungsreserven besser diversifizieren.
- Geldüberweisungen aus dem Ausland, von denen viele Menschen in El Salvador abhängen, könnten billiger werden, da fast keine Transaktionsgebühren anfallen.

Was aus diesem Plan wird, steht allerdings in den Sternen. In einem Artikel auf der Webseite des Internationalen Währungsfonds warnen zwei hochrangige Mitarbeiter Regierungen vor solchen Vorhaben. Rhoda Weeks-Brown, die Leiterin des IWF-Rechtsbereichs, und Tobias Adrian, der Direktor des Bereichs Geld- und Kapitalmärkte, schreiben im Juli 2021:

> *„Als nationale Währungen bergen Krypto-Assets – inklusive Bitcoin – substanzielle Risiken im Bereich der makroökonomischen Stabilität, der finanziellen Integrität des Konsumentenschutzes und der Umwelt.“*[47]

Und da El Salvador gerade auf die Auszahlung eines großen IWF-Kredits wartet, könnte das Bitcoin-Projekt noch etwas aufgeschoben werden.

Ether (ETH) – der bessere Zweite?

Im Gegensatz zu Bitcoin, bei dem der Erfinder anonym geblieben ist und das gesamte Netzwerk aus einer mehr oder weniger zufällig zustande gekommenen Gruppe von Minern besteht, steht hinter Ether (Abkürzung: ETH) eine richtige Firma, nämlich die Stiftung Ethereum, die in der Schweizer Stadt Zug ansässig ist und seit 2015 die digitale Währung Ether emittiert, deren Menge technisch unbegrenzt ist. Der Mitbegründer und Erfinder der Krypto-Währung, der kanadisch-russische Softwareentwickler Vitalik Buterin, schlägt allerdings vor, eine Obergrenze von 120 Millionen Münzen einzuführen, um ihren nachhaltigen wirtschaftlichen Erfolg zu gewährleisten.

Die Ethereum-Blockchain vergütet den Minern ihre Mitarbeit in der Kryptowährung Ether. Die Blockchain wird in ca. 8.000 Knoten betrieben und ist an die 300 GB groß. Kritiker sehen eine große Abhängigkeit zu Cloud-Service-Providern wie Amazon Web Services, Alibaba oder Google Cloud, da die Knoten überwiegend bei diesen Anbietern betrieben werden. Damit ergibt sich eine eigenartige Situation: Die Knoten der auf Dezentralisierung ausgelegten Ethereum-Blockchain werden überwiegend von Cloud-Diensten betrieben, die selbst in wenigen großen Rechenzentren operieren. Nur etwa ein Drittel der Betreiber verfügte im Jahr 2019 über „autonome" Installationen.[48]

Bei Ethereum ist auch aus diesem Grund die Konzentration der Miner nicht so klar auf China ausgerichtet wie bei Bitcoin. Im Hinblick auf den Plan des Unternehmens, die Vergütung so umzustellen, dass das Einkommen der Miner um ca. ein Viertel zurückgehen würde, drohten diese im Jahr 2021 in einem Zusammenschluss mit einer 51-Prozent-Attacke: Ein solcher Angriff ist der wohl schlimmste Vorfall, dem eine Blockchain zum Opfer fallen kann. Damit würde eine knappe Mehrheit der Teilnehmer die Kontrolle übernehmen und könnte bereits ausgegebene Währungseinheiten mehrfach verwenden. Die Angreifer könnten auch direkt aus elektronischen Geldbörsen Währungseinheiten löschen oder diesen neue hinzufügen. Die betroffenen Betreiber von Computersystemen, die in der Ethereum-Blockchain schürfen, haben sich in einer Gruppe, die sich „STOPEIP1559 – Support hard working Ethereum Miners" nennt, zusammengeschlossen und wenden sich gegen die geplanten Neuerungen, die als „Ethereum Improvement Proposal 1559", abgekürzt EIP-1559 firmieren.[49] Ob eine solche Attacke wirklich realistisch ist, ist allerdings mehr als fraglich.

Diese Vorgänge bei Ethereum zeigen, dass die Kryptowährungsproduktion noch immer in einer schwierigen Phase ist. Auch wenn Ether in der Zwischenzeit eine Marktkapitalisierung von mehr als 300 Milliarden Euro erreicht hat, gibt es noch immer die Notwendigkeit grundlegender technischer Verbesserungen. Mit der neuen Softwareversion der Blockchain (Ethereum 2.0) rechnen die Betreiber damit, dass der Stromverbrauch um 99 Prozent sinken wird, wenn diese Anfang des Jahres 2022 in Betrieb geht. Das wäre ganz im Sinne der Umweltverträglichkeit und im Kampf gegen die Klimaerwärmung eine wesentliche und gute Nachricht, nämlich dass eine derartige neue Technologie auch umweltfreundlich betrieben werden kann.

Cardano (ADA) – die „dritte Generation"

Während Ethereum eine Verbesserung der Bitcoin-Blockchain darstellt, ist Cardano ein Konzept, das wiederum auf einer optimierten Ethereum-Blockchain aufsetzt. Aufgrund der Historie

(Bitcoin, Ethereum, Cardano) wird sie als Kryptowährung der „dritten Generation" bezeichnet.

Die Cardano Foundation wurde von früheren Ethereum-Mitarbeitern 2016 in Zug gegründet und steht gemeinsam mit den 300 Mitarbeitern der Hongkonger IOHK und dem japanischen Blockchain-Studio Emurgo hinter der Kryptowährung ADA, die im April mit 45 Milliarden Euro die höchste Kapitalisierung nach Bitcoin und Ether erreichte. Die Anzahl der Coins ist auf 45 Millionen begrenzt, von denen derzeit ca. 39 Millionen im Umlauf sind. Im Frühjahr 2021 hatte sich der Wert versechsfacht, weil viele Investoren in Cardano eine der technisch führenden Entwicklungen sehen, die in der Welt der dezentralen Finanzen (DeFi) und kryptografischen Token eine Vorreiterrolle spielt. Der Erfinder der Währung, Charles Hoskinson, geht davon aus, dass er diese Services für ein Hundertstel oder Tausendstel der Kosten im Vergleich zur Ethereum-Blockchain anbieten kann.[50]

Im Gegensatz zu Bitcoin und Ethereum verwendet Cardano einen neuartigen „Konsensus-Algorithmus", bei dem die Transaktionen nicht durch Mining bestätigt werden, sondern durch andere Wallets mit der Kryptowährung ADA. Allerdings befindet man sich in einer sehr frühen Phase der Entwicklung, die inklusive der neuen Programmiersprache Plutus für Smart Contracts sehr komplex und noch wenig erprobt ist.[51]

Weitere wichtige Kryptowährungen sind u.a. Litecoin, Bitcoin Cash, Uniswap, Chainlink, Stellar Lumens, Filecoin und Dogecoin (siehe Anhang: Wichtige Kryptowährungen).

– 5 –

Digitale Börsengänge

Eine der möglichen Anwendungen von Smart Contracts ist die Emission neuer Kryptowährungen im Rahmen von digitalen Börsengängen, die ICOs (Initial Coin Offerings) genannt werden. Diese erlauben erste Ausblicke auf eine neue Art von Wirtschaft, in der spezielle digitale Währungen für „dezentralisierte" Dienste wie Datenspeicherung oder den Handel mit digitalen Währungen genutzt werden.

Es handelt sich um eine ganz neue Form der Wagnisfinanzierung. Die Schöpfer der Bezeichnung „ICO" spielen dabei auf die Nähe zur englischen Bezeichnung für Börsengänge „IPO" („Initial Public Offering") an. ICOs sind aber keine Börsengänge. Bei einem ICO werden statt Aktien oder anderen Finanzanlagen zur Firmengründung sogenannte Coins (daher das „C" in der Bezeichnung ICO) oder ↗Token (deshalb gibt es auch ITOs) einer virtuellen Währung ausgegeben. Es wird also zumeist „Echtgeld" gegen virtuelles Geld getauscht (bisweilen auch virtuelles Geld gegen virtuelles Geld). Im Unterschied zu einem Börsengang erfolgt diese Transaktion aber nicht über eine Wertpapierbörse, sondern wird direkt zwischen dem Emittenten und dem Käufer abgewickelt.

Für ein Unternehmen ist ein ICO eine interessante Angelegenheit. Stark vereinfacht gesagt, braucht es keine Regulierung (mit einigen Ausnahmen – etwa wenn die Coins als Unternehmensbeteiligung ausgestaltet sind), und die Coins sind im Prinzip frei verfügbar. Dem Anleger kann etwas, wenn auch

Virtuelles, als Sicherheit übergeben werden, und die Einlösung liegt irgendwann in der Zukunft. Für die Ausgestaltung gibt es grundsätzlich die beiden folgenden Varianten:

- Anspruch auf Kryptowährung: Der Käufer erwirbt einen Anspruch auf eine noch einzuführende und zu erstellende Kryptowährung. Über den zukünftigen Wert dieser Währung entscheiden ausschließlich Angebot und Nachfrage - und gegebenenfalls noch zukünftige Akzeptanzstellen (z.B. der Einzelhandel, indem er diese Währung für Zahlungen akzeptiert).
- Anspruch auf Coins oder Token: Der Käufer erwirbt Coins oder Token, die einen späteren Bezug von Produkten der Firma zu einem bestimmten Tauschkurs ermöglichen. In diesem Fall fungieren diese Vehikel ähnlich wie ein Gutschein und sind nicht als eigenständige Währung gedacht.

Ablauf eines Initial Coin Offerings

1. Am Anfang steht ein *Whitepaper*. Darunter versteht man ein Konzeptpapier, in dem von den Proponenten die Geschäftsidee, die Projektpartner und der Zeithorizont für die Umsetzung erklärt werden. Diese Unterlagen ähneln Prospekten, die Unternehmen ausgeben, die einen Börsengang planen.
2. Manchmal wird auch ein *Yellowpaper* herausgegeben, in dem die technische Umsetzung genauer beschrieben wird (z.B. die Art und Weise, wie die ↗Blockchain-Technologie umgesetzt wird).
3. Im nächsten Schritt wird eine Marketingkampagne für die neue Idee gestartet, die vor allem in den sozialen Medien und in einschlägigen Foren für Kryptowährungen stattfindet.

4. Investoren können auf der ICO-Plattform, auf der das Projekt vorgestellt wird, Token kaufen. Das sind virtuelle Anteile am neuen Projekt.

Nach der Funktionalität der Token, die von einer zentralen Stelle ausgegeben werden, lassen sich diese in folgende Gruppen gliedern:

Security Token (auch: Investment Token) verkörpern Ansprüche auf Auszahlungen („zukünftiger Cashflow“) gegenüber dem Emittenten, welche gesellschaftsrechtlich oder schuldrechtlich ausgestaltet sein können. Außerdem können auch gesellschaftsrechtliche Ansprüche, etwa Stimmrechte bei einer Hauptversammlung, mit Security Token verbunden sein. Security Token verkörpern somit Ansprüche auf die Zahlung von Kapital, sei es in Form von Beteiligungen am Unternehmensgewinn oder in Form von Verzinsung und Rückzahlung. Dabei ist es grundsätzlich nicht zwingend erforderlich, dass diese Ansprüche in gesetzlicher Währung bestehen. Die Ausgestaltung solcher Security Token ähnelt somit jener von „klassischen Wertpapieren“, insbesondere von Anleihen oder Aktien.

Bei **Payment Token** (auch: Currency Token) handelt es sich um Token, deren primärer Zweck in der Bezahlfunktion liegt. Solche Token verkörpern daher einen bestimmten Wert, mit dem Waren oder Dienstleistungen auch bei vom Emittenten verschiedenen Personen erworben werden können.

Utility Token dienen in erster Linie dazu, dem Inhaber einen Nutzen im Hinblick auf ein bestimmtes Produkt oder eine Dienstleistung zu verschaffen. Häufig gewähren sie Zugang zu einer digitalen Plattform des Emittenten, die durch den Inhaber des Utility Token in bestimmter Weise genutzt werden kann. Utility Token treten jedoch in zahlreichen unterschiedlichen Formen auf und erfüllen oft auch die Funktion von Payment Token oder Security Token (hybride Ausgestaltung) mit. Insbesondere kann mit Utility Token das Recht verbunden sein, ein

Produkt oder eine Dienstleistung mitzugestalten, ein Produkt oder eine Dienstleistung zu nutzen oder den Token gegen ein Produkt oder eine Dienstleistung einzulösen. Häufig sind Utility Token etwa mit einer immanenten Bezahlfunktion gegenüber dem Emittenten oder anderen Nutzern der Plattform des Emittenten verbunden.

Wird am Ende des ICOs eine eigene Coin ausgegeben, wird diese zumeist als Smart-Contract-Anwendung auf der Ethereum-Blockchain betrieben.

Vielversprechender Trend – aber viel Betrug

Das erhoffte Potenzial solcher Anwendungen hat zu einer wahren ICO-Euphorie geführt, in der allein im Jahr 2019 mehr als 4 Milliarden Euro mit solchen Angeboten eingenommen wurden. FinTechs profitieren besonders davon, dass auf diesem Weg immer mehr Wagniskapital bereitsteht, um schon in frühen Unternehmensphasen ihre Entwicklung zu finanzieren. Derzeit starten täglich weltweit dutzende ICOs von Firmen aus den unterschiedlichsten Branchen, wiewohl vor allem Startups und IT-Unternehmen die Nähe zu dieser Finanzierungsform suchen. Um den Status solcher ICOs zu beurteilen, empfiehlt sich die Verwendung der Suchmaschine icomarks.com. Dort können aktive und vergangene digitale Emissionen und Vorgänge um diese Titel verfolgt werden.

Aber ICOs werden von vielen Experten auch kritisiert und von den Finanzmarktaufsichten genau beobachtet. Überall auf der Welt wurden bereits Betrugsfälle rund um ICOs aufgedeckt – oder zumindest Ungereimtheiten aufgezeigt. Auch in Österreich, wo bisher nur relativ wenige ICOs stattfanden – u.a. von so modern klingenden Unternehmen wie Hydrominer, Herosphere oder Cointed. Bei Letzterem, einem Unternehmen aus Kufstein, das alle möglichen Produkte und Dienstleistungen rund um

Kryptowährungen anbot, wurde kritisiert, dass das ICO nicht nach österreichischem Recht betrieben wurde. Denn abgewickelt wurde es von der Cointed Holding mit Sitz in Hongkong, die als Eigentümer der österreichischen Firma im Firmenbuch eingetragen wurde. Die ganze Angelegenheit ging auch schlecht aus: Am 8. Oktober 2018 wurde über das Vermögen der Cointed GmbH der Konkurs eröffnet.

Faktum ist: Die rechtliche Situation von ICOs muss in vielen Ländern erst an die neue, junge Finanzierungsform angepasst werden. Derzeit ist das noch weitgehend Neuland für Juristen und auch für die Aufsichtsbehörden.

Vernichtend fiel eine Studie der Satis Group über ICOs aus dem Jahr 2017 aus. Dabei wurden nur Projekte analysiert, deren Marktkapitalisierung bei über 50 Millionen Dollar lag:

- Die Analysten stellten fest, dass 81 Prozent der Vorhaben betrügerische Absichten zugrunde lagen. Die Initiatoren hatten nie beabsichtigt, dass die formulierten Projektziele wirklich erreichbar waren.
- Weitere 6 Prozent der Projekte erfüllten zwar das Finanzierungsziel, scheiterten aber an der praktischen Umsetzung.
- 5 Prozent der untersuchten Fälle schlossen den Prozess der ICO-Finanzierung zwar ab, verliefen aber danach im Sand.
- Als wirklich erfolgreich stellten sich nur 1,9 Prozent der untersuchten Projekte heraus.

Einen möglichen ICO-Betrug sollte man anhand der folgenden Warnsignale erkennen:

- Das Whitepaper, in dem das Vorhaben beschrieben wird, ist lückenhaft oder wenig aussagekräftig.
- Für das vorgestellte Produkt/Service gibt es keine Nachfrage am Markt.

- Das Team hinter dem Projekt ist relativ unbekannt und/oder hat keine Erfahrung im vorgestellten Geschäftsbereich.
- Geringe Transparenz über die Proponenten des Angebots und deren kommerzielles Setup.
- Die Ziele und Renditeversprechen der Anbieter erscheinen nicht realistisch.

Die nachfolgenden Beispiele für ICOs in der Schweiz, in Deutschland und in Österreich zeigen, wie unterschiedlich solche Projekte verlaufen können.

– 5.1. –

Schweiz: Ethereum, das Krypto-Valley

In der Schweiz und in Liechtenstein entstand im letzten Jahrzehnt das sogenannte Krypto-Valley. Diese Bezeichnung wurde in Anlehnung an das amerikanische Silicon Valley vergeben, da sich im Schweizer Kanton Zug aufgrund gesetzlicher und steuerlicher Rahmenbedingungen besonders viele Krypto-Firmen ansiedelten.

Alles begann im Jahr 2013 mit der Bitcoin-Handelsfirma Crypto Suisse. Es folgte XAPO, eine Verwahrstelle für Kryptowährungen, die sich die Reputation der Schweiz als sicherer Hafen für Vermögenswerte zunutze machten. In dieser Zeit arbeitete der russisch-kanadische Programmierer Vitalik Buterin an einem Konzept zur Verbesserung der Bitcoin-Blockchain und entwickelte eine optimierte Variante, die gemäß seinem Whitepaper die Entwicklung dezentraler Applikationen (DAPPS) und die Verwaltung intelligenter Verträge ermöglicht.[52]

Im Whitepaper wurde ausgeführt, welche Grundlagen die neue Entwicklung hatte.

> *„Die Absicht von Ethereum ist es, ein alternatives Protokoll zum Erstellen dezentraler Anwendungen zu schaffen, das verschiedene Lösungen bietet, von denen wir glauben, dass sie für eine große Klasse dezentraler Anwendungen sehr nützlich sein werden, mit besonderem Schwerpunkt auf Situationen, in denen schnelle Entwicklungszeit, Sicherheit für kleine und*

selten genutzte Anwendungen und die Fähigkeit verschiedener Anwendungen, sehr effizient zu interagieren, wichtig sind. Ethereum tut dies, indem es eine abstrakte, solide Basis aufbaut: eine Blockchain mit einer integrierten Turing-vollständigen Programmiersprache, die es jedem ermöglicht, intelligente Verträge und dezentrale Anwendungen zu schreiben, in denen eigene willkürliche Regeln für Eigentum, Transaktionsformate und den Wechsel von Merkmalen erstellt werden können.

Eine einfache Version einer neuen Coin kann in zwei Codezeilen geschrieben werden, und andere Protokolle wie Währungen und komplexere Systeme können in weniger als zwanzig Zeilen eingebaut werden. Smart Contracts, kryptografische ‚Boxen', die einen Wert enthalten und diesen nur unter bestimmten Bedingungen freischalten, können ebenfalls auf der Plattform aufgebaut werden."[53]

Mit einer Gruppe von Technikern mietete sich Buterin in einem Haus in der Nähe von Zug ein und kündigte im Juli 2014 den ICO von Ether an.[54] Danach wurden in 42 Tagen 31.000 Bitcoins von Investoren eingesammelt, die damals einen Gegenwert von 15 Millionen Euro hatten. Dieses Kapital war die Basis für die weitere Entwicklung der neuen Kryptowährung Ether, die inzwischen nach Bitcoin unangefochten die Nummer zwei am Weltmarkt ist, und über eine wesentlich modernere Blockchain-Architektur als Bitcoin verfügt.

Im Jahr 2021 hat Ethereum eine Marktkapitalisierung von 300 Milliarden Euro erreicht und ist die Perle im Krypto-Valley. Zu dieser Region zählt man inzwischen neun Kantone in der Schweiz, in denen sich fast tausend Firmen angesiedelt haben (Zug 433, Zürich 178, Genf 57, Tessin 49, Neuchâtel 26, Vaud 32, Luzern 20, Bern 15, Schwyz 13). In Liechtenstein werden 83 Firmen dazugezählt.[55]

Die Ausgangssituation war sehr positiv durch die Gründung von Bitcoin Suisse und der Ethereum-Stiftung beeinflusst. Allerdings ist die positive Entwicklung vor allem darauf zurückzuführen, dass der Kanton Zug schon sehr früh Kryptowährungen als Zahlungsmittel akzeptiert hat, und dass sich die Schweizer Finanzmarktaufsicht als Reaktion auf dubiose ICOs in den Jahren 2017 und 2018 sehr stark in das Geschehen involvierte. Sie definierte die genaue rechtliche Stellung von ↗Krypto-Assets und gab schon frühzeitig vor, was gesetzlich erlaubt ist und was nicht. Diese Klarheit führte zur Herausbildung eines Netzwerks von kompetenten Beratern, die den Krypto-Startups bei der Gründung rechtlich einwandfreier Firmen halfen.

2019 wurden mit SEBA und Sygnum die ersten beiden Kryptobanken der Schweiz zugelassen. Andere Geldhäuser folgten und haben inzwischen ein großes Geschäft mit Krypto-Assets aufgebaut. Inzwischen sind im Krypto-Valley mehr als 5.000 Menschen beschäftigt, deren Arbeitgeber auf der ganzen Welt bekannt sind. Die nachfolgende Grafik illustriert die Stellung der Blockchain-Firmen je nach Kapitalisierung:

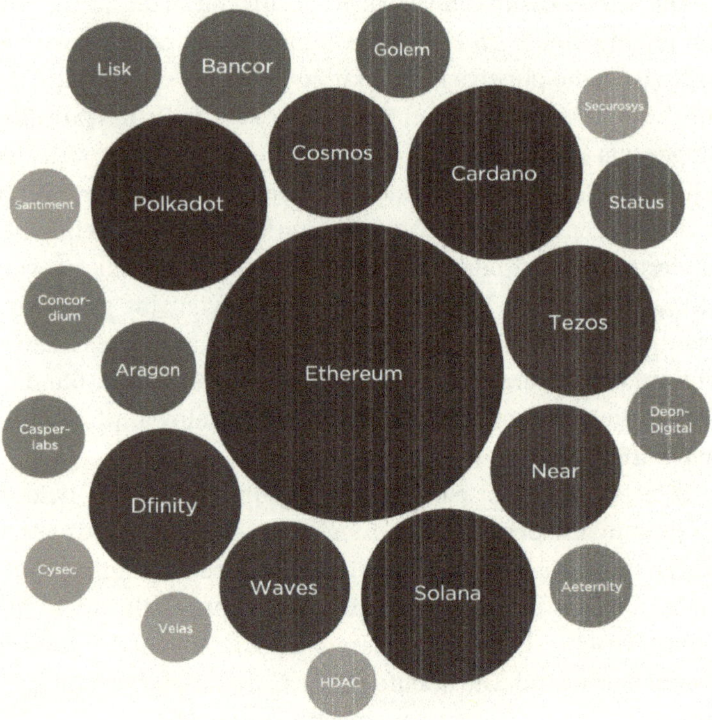

Abbildung 10:
Blockchain-Firmen im Krypto-Valley

Die Finanzierung der Firmen wird großteils durch Risikokapitalgeber und ICOs durchgeführt. Unter den Krypto-Valley-Firmen waren im Februar 2021 elf Firmen, die als *Unicorns* mit mehr als einer Milliarde US-Dollar bewertet wurden – Ethereum, Cardano, Polkadot, Aave, Cosmos, Solana, Tezos, Dfinity, Near, Nexo und Diem.

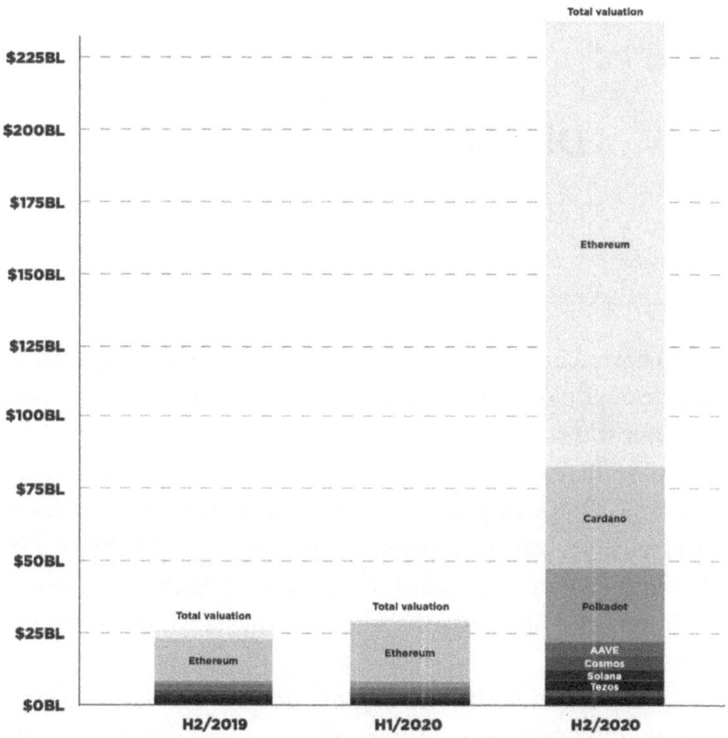

Abbildung 11:
Entwicklung des Werts der Top 50 im Krypto-Valley

Die Entwicklung dieser Region illustriert, dass mit starken Gesetzen, einer modernisierungsfreundlichen Kultur und einer vernünftigen Steuerpolitik auch in Europa sehr interessante Technologiezonen entstehen können.

Während in vielen Ländern der Europäischen Union diese Entwicklung verschlafen wurde oder man vor allem über die kriminellen Seiten des Krypto-Booms klagt, haben die Schweiz und Liechtenstein viel dazu beigetragen, dass die weltweite Innovation in diesem wichtigen Bereich vorankommt.

– 5.2. –

Österreich: Die Gesundheits-Coin

Der Österreicher Martin Tiani ist Eigentümer, Miteigentümer und Geschäftsführer in mehreren Firmen, die fast ausschließlich Dienstleistungen im Umfeld des Gesundheitssektors und dort vor allem im Bereich der Elektronischen Gesundheitsakte (ELGA) erbringen. ELGA ist ein zentrales System, das in Österreich Verweise auf personenbezogene Gesundheits- und Medikationsdaten für alle Österreicher verwaltet, die sozialversichert und nicht ausdrücklich aus dieser Anwendung ausgestiegen sind.

Tiani hatte bereits zu Beginn der 2000er Jahre begonnen, sich für den sogenannten IHE-Standard (Integrating the Healthcare Enterprise) zu interessieren, mit dessen Hilfe man national und international Gesundheitsdaten austauschen kann. Er arbeitete an der österreichischen „e-Health Initiative" mit und wurde Teil eines kleinen Kreises von Eingeweihten, die ELGA konzipierten und entwickelten. In der Folge wurde Tiani mit seiner Firmengruppe in fast allen wesentlichen Belangen bezüglich der österreichischen IHE-Implementierung als Experte oder Lieferant hinzugezogen, wie die Tageszeitung *Der Standard* im Juli 2015 berichtete:

> *„Rein technisch hätte man Elga längst umsetzen können, sagt Martin Tiani, Geschäftsführer der Firma Tiani Spirit, von der die standardisierte Vernetzungssoftware zum Austausch medizinischer Daten stammt. Diese ist sozusagen das Kernstück von*

> *Elga: Denn die Elektronische Gesundheitsakte soll weder zentral Daten speichern, noch sollen durch sie neue Daten erhoben werden."*[56]

Tiani hat aber weit darüber hinausgehende Pläne: Ein *Grapevine* (übersetzt: Weinrebe) genanntes Projekt sollte im Wege eines ↗ICO finanziert werden und eine virtuelle Welt schaffen, in der Menschen ihre Gesundheitsdaten gegen Entgelt für Forschungszwecke zur Verfügung stellen können. Die Vergütung an die Teilnehmer des Projekts sollte dabei in einer Grapevine (Abkürzung: GVINE) genannten Kryptowährung ausbezahlt werden. Im Februar 2018 berichtet die Tageszeitung *Der Standard* über dieses Projekt:

> *„Ohne großen Aufwand können Patienten ihre eigenen anonymisierten Daten veräußern. Beispiel: Eine Pharmafirma sucht für eine Studie Diabetiker des Typs 2. Über Grapevine bekommen entsprechende Patienten eine Anfrage aufs Smartphone, einen Knopfdruck später kann die interessierte Firma oder Forschungseinrichtung die Daten verwenden. Oder eben nicht. Vergütet werden die Daten in Form sogenannter Grapes. Das sind Gutscheine, die wiederum für medizinische Produkte oder Leistungen eingesetzt werden können. [...] Die Elga-Entwicklung hat der Bund gezahlt, bei Grapevine soll es ein sogenanntes Initial Coin Offering geben. Investoren erhalten dabei keine Unternehmensanteile, sondern Einheiten einer neu geschaffenen Kryptowährung, in diesem Fall Grapes. Bezahlungen erfolgen ausschließlich mit dieser Währung."*[57]

Im September 2018 informierte Grapevine World darüber, dass die Open Telekom Cloud der Deutschen Telekom für den „Blockchain-basierten sicheren Austausch von Gesundheitsdaten" verwendet werden wird. Die Nutzung dieser öffentlichen Cloud ermögliche die Datenhaltung unter besonderer Berücksichtigung von Datenschutz, Datensicherheit und der Europäischen Datenschutzgrundverordnung. In der Presseaussendung wird berichtet, dass ein sehr erfolgreicher ICO von Grapevine stattgefunden hat:

> *„Grapevine World, ein international tätiges IT-Startup mit Sitz in Wien, hat am 15. August 2018 den ICO (Initial Coin Offering) für sein gleichnamiges digitales Ökosystem erfolgreich abgeschlossen. Mit Unterstützung der Krypto-Community und Investitionszusagen von Geschäftspartnern, institutionellen Investoren und Privatpersonen erreichte Grapevine World das anvisierte Finanzierungsziel von 30 Millionen Dollar. Der ICO bestand aus einer privaten Runde im Februar 2018 und einer öffentlichen Runde vom 6. Juli bis 15. August 2018. In einem nächsten Schritt werden die Grapevine Tokens (GVINE) bei verschiedenen Exchange-Plattformen (wie zum Beispiel COBINHOOD und CGCX) gelistet."*[58]

Weiters wurde ausgeführt, dass nun in einem Pilotprojekt bei einem Forbes-100-Pharmaunternehmen die Kombination aus markterprobten Interoperabilitäts-Standards im Austausch von Gesundheitsdaten (IHE) und innovativer Blockchain-Technologie für die Verfolgung und Bewertung der Herkunft von Gesundheitsdaten erprobt würde. Um das globale Technologieprojekt zu realisieren, arbeite Grapevine World mit einer Vielzahl von Partnerunternehmen (darunter Microsoft und Telekom Deutschland) zusammen.

Umsetzung der *Grapevine World*

Im einem *Lightpaper* genannten Dokument, das für den ICO zur Verfügung gestellt wurde, konnte man enorme Wachstumszahlen für den weltweiten Markt für Gesundheitsdaten finden:[59]

Jahr	Geschätztes Marktvolumen in Milliarden Euro	Wachstum
2021	44	
2022	70	+59 %
2023	100	+43 %

Geschätztes Wachstum
des Gesundheitsdatenmarktes

Angesichts dieser hervorragenden Entwicklungsperspektiven wurden folgende Schritte festgehalten:

- Für den ICO wurde festgelegt, 45 Prozent von 850 Millionen Token zu einem Preis von 0,1 US-Dollar zu verkaufen, was einem Gesamterlös von ca. 30 Millionen Euro entspricht.
- Gemäß *Whitepaper* sollte eine App entwickelt werden, von der aus Patienten den Zugriff auf ihre Gesundheitsdaten verwalten können.
- Eine „Grapevine-Stiftung" sollte als Träger der Aktivitäten fungieren.

Was ist mit dem Geld der Investoren passiert, und wer waren die Investoren?

In einer Werbeeinschaltung auf der Plattform Newsbtc.com wurden sieben Argumente präsentiert, warum ein Investment in Grapevine sinnvoll sei:

- Grapevine löst ein Problem, das auf der Welt wirklich besteht.
- Teilnehmer werden in der Kryptowährung Grapevine bezahlt.
- Es gibt bereits einen funktionierenden Prototypen und Pilotprojekte.

- Starkes Team mit 120+ Jahren Erfahrung.
- Große Organisationen stehen hinter dem Projekt.
- Listings auf verschiedenen Krypto-Handelsplätzen.

Als weiteres Argument wird aufgeführt, dass dieses Projekt von der Europäischen Union und von der österreichischen Finanzmarktaufsicht genehmigt sei:[60]

> **Approved by the EU**
>
> From an investor's point of view, it's very comforting to note that the Grapevine technology has been officially recommended by the European Union and the ICO has been approved by the Austrian Financial Market Authority. Having the approval from these two entities is promising, to say the least.

Abbildung 12:
Grapevine-ICO – Werbung mit Genehmigung der FMA

Ob das so war, und was mit dem Geld der Investoren passiert ist, bleibt bisher weitgehend unklar. Die in Österreich registrierte Firma Grapevine World GmbH hat in der Bilanz des Jahres 2019 einen Gewinn von 13.000 Euro nach einem Verlust von fast 500.000 Euro im Jahr davor ausgewiesen. Das Umlaufvermögen ist um 1,2 Millionen Euro angewachsen.

In einem Bericht der Plattform *Der Brutkasten* wird darüber berichtet, dass der Grapevine-ICO gescheitert sei, da nicht einmal 3,7 Millionen Euro in Ether eingenommen wurden. Investoren hätten daher die Möglichkeit gehabt, ihre Investition zurückzuziehen. Allerdings hätten das nur wenige gemacht. Über spätere Investitionszusagen seien letztlich fast 25 Millionen Euro zusammengekommen.[61]

Wernhard Berger, der Chief Business Development Officer von Grapevine World, versprach, man werde am Ende kommunizieren, wie viel es tatsächlich geworden sei. Diese Kommunikation steht drei Jahre später aus. Allerdings kann man die Grape genannte Kryptowährung nicht auf den angeführten Handelsplätzen CGCX oder COBINHOOD handeln. Laut

Etherscan gab es bis Mitte Juli 2021 15.684 Halter der Kryptowährung und 16.304 Transaktionen damit – die letzte größere war im Oktober 2018.

Neue Grapevine Covid-StayFree-App

Anfang 2021 ist Martin Tiani mit einer neuen Plattform an die Öffentlichkeit getreten, die die Ergebnisse von Corona-Tests über eine App darstellbar macht, die von Event-Veranstaltern gelesen und für die Eintrittskontrolle verwendet werden kann.[62] Diese ist inzwischen durch Apps wie den „Grünen Pass" des Bundesrechenzentrums wohl obsolet geworden.

Abbildung 13:
Covid-StayFree-App von Martin Tiani

Wie die Zusammenarbeit mit den niederösterreichischen Covid-Fighters genau funktionieren soll, die als Partner für diese App genannt werden, ist weitgehend offen. Das Geschäftsmodell sah vor, dass für Benutzer ein Test samt Registrierung nicht mehr als fünf Euro kosten solle, sagte Tiani zu den *Niederösterreichischen Nachrichten*.

Die Veranstalter von Events, die Informationen aus Tianis neuer App beziehen können, sollten zwischen 50 Cent und zwei Euro pro Kunde an ihn bezahlen.

Die Frage, wie diese Anwendung mit dem Grapevine-Logo mit dem Rest der Grapevine World zusammenhängt, konnte nicht in Erfahrung gebracht werden.

– 5.3. –

Deutschland: Goldene Versprechen

Wie kann man echtes Gold und Kryptowährungen, die als „digitales" Gold betrachtet werden, verbinden? Der Deutsche Harald Seiz fand darauf eine sehr umstrittene Antwort. In seiner früheren Berufslaufbahn war er als Staubsaugervertreter tätig und gründete im Jahr 2011 die Goldhandelsfirma Karatbars, die Gold in sehr kleinen Stückelungen zu 2,5 Gramm verkaufte. Neben diesen Mini-Goldbarren brachte das Unternehmen Plastikkarten im Scheckkartenformat heraus, die 0,1 Gramm oder 1 Gramm Gold enthielten. Diese *Karatbars Gold* wurden mit einem Aufschlag von 50 Prozent auf den Goldpreis verkauft. 100 der 1-Gramm-Barren wurden als *Multi-Gram-Cards* angepriesen.

Cashgold wurde ein weiteres von Karatbars verkauftes Produkt genannt. Dabei handelt es sich um Fantasiegeldscheine, in die 0,1, 0,2, 0,4 oder 0,6 Gramm Gold eingewebt sein sollen. Und schließlich gab es auch noch eine physische Münze, die *Karatbars Coin* genannt wird. Diese bestand aus einer Silber-Nickel-Legierung, in der Mitte ist ein Gramm Gold eingelassen. Der Preis betrug ca. 90 Euro, womit die Kunden einen fast hundertprozentigen Aufpreis auf den Goldpreis bezahlten.

Mit dem Höhenflug von Bitcoin entstand 2017 offenbar eine ganz neue Idee, die im mittelamerikanischen Staat Belize umgesetzt wurde: Die dort neugegründete Karatbit Foundation emittierte ab April 2018 die KaratGold Coin (KBC) und konnte offenbar in kurzer Zeit mehr als 40 Millionen Euro von Investoren einsammeln. Was kann diese Coin? Im Whitepaper wurde festgehalten:

„KBC: Eine goldene Zukunft für Dich und die ganze Menschheit! KBC ist die erste und einzige Kryptowährung der Welt mit Golddeckung. Überdies ist KBC die erste Währung, die seit dem Jahr 1971 das System der Golddeckung im Geldsystem wiederbelebt. KBC kombiniert die fantastischen Perspektiven des ‚Kryptowährungs-Modells' (z.B. anonyme Überweisungen ohne Zwischenstationen oder Banken) mit der Zuverlässigkeit der Golddeckung, die sich in der Geschichte der Menschheit für Jahrtausende bewährt hat. Leider wurde diese durch fragwürdige Entscheidungen von fragwürdigen Politikern (wie dem kriminellen US-Präsidenten Nixon) beendet.
Ungedeckte ↗Fiat-Währungen wie der Euro basieren auf dem wenig stabilen Prinzip der Hoffnung und repräsentieren die aktuelle Situation auf der Welt, während der natürliche Weg für Stabilität die Golddeckung ist.
Geld ist Gold. Das ist die einzige Wahrheit, die unsere Welt von finanziellen Krisen befreien kann, die Aufruhr und Kriege auslösen."[63]

Für den Vertrieb all dieser Produkte baute Seiz ein mehrstufiges System auf, in dem Provisionen für die Vermittlung von Käufern ausgeschüttet werden. Es wurden verschiedene Produkt-Bundles entwickelt, die in der teuersten „VIP"-Variante 3.000 Euro kosteten und neben „CashGold" auch KaratGold Coins (KBC) im Gegenwert von angeblich 5.000 Euro enthielten. Da diese KBC aber nirgends gehandelt wurden, wurde als Vertriebsargumentation das Argument benützt, man habe in den USA eine Kryptobank gekauft, die wiederum eine Goldmine in Madagaskar besitzt, in der Gold für fast eine Milliarde Euro auf den Abbau wartet:

„Die KBC ist durch echte Goldreserven gedeckt, die aus einer funktionierenden Goldmine in Madagaskar stammen. Die Goldbestände lagern in hoch sicheren Schweizer Tresoren."[64]

Nach dem ersten ICO wurde im September 2018 mit der KaratBank Coin (KCB) von der Karatbit Stiftung eine zweite Coin herausgegeben, die sich marginal von der ersten unterschied. Im Whitepaper wird beschrieben, dass durch diese der Zugang zur „Karatcoinbank World“ möglich sei, die aus den folgenden Teilen bestünde:[65]

- Die Karatcoin Bank soll das Zentrum dieser neuen Kryptowelt sein, als erste Bank der Welt, die vollständig auf ↗Blockchain-Technologie basiert und Konten für Transaktionen mit der KaratBank Coin, KaratGold Coin und auch für die Cashgoldwährung ermöglichen würde.
- Als wichtigste Kryptobank der Welt würden auch Konten in anderen Kryptowährungen und Fiat-Währungen geführt werden.
- Die Bank würde zukünftig ↗Debitkarten und Kreditkarten emittieren. Dazu müssten aber noch Verträge mit Visa und Mastercard abgeschlossen werden, wurde eingeräumt.
- Die Bank würde eigene ↗ATMs betreiben, in denen die Kryptowährung und auch die neuen CashGold-Geldscheine akzeptiert werden.
- Überdies würde mit Karatpay (einer Tochterfirma von Karatbars Singapur) ein neues Zahlungsverkehrssystem geschaffen werden.
- Karatgold Exchange würde als Handelsplatz für die Karatbars-Währungen in Fiat-Währungen geschaffen werden.
- Die KBC-Foundation-Goldmine in Madagaskar, die schon für die Karatcoin Bank arbeitet, würde weiteres Gold für die neue Coin bereitstellen.
- Schließlich würde im Karatgold Security House das Gold so sicher verwahrt werden wie in Fort Knox.

Der deutschen Finanzmarktaufsicht BaFin erschienen diese Angebote wohl sehr fragwürdig, sodass sie schon im November

2019 eine Warnung vor den Angeboten der KaratBit Foundation erließ:

> *„Die BaFin hat der Karatbit Foundation, Belize, mit Bescheid vom 21. Oktober 2019 aufgegeben, das durch die Ausgabe des ‚KaratGoldCoins' ohne Erlaubnis in Deutschland betriebene E-Geld-Geschäft einzustellen und abzuwickeln."*[66]

Auch Medien warnten in den letzten Jahren immer wieder vor diesen komplexen Unterfangen – so beispielsweise das *Handelsblatt,* das am 25. Juni 2020 einen Artikel mit dem Titel „Die Staatsanwaltschaft zweifelt an den Goldreserven der Karatbars-Gruppe" veröffentlichte und den ausschweifenden Lebensstil des Firmengründers beschrieb:

> *„Karatbars-Chef Harald Seiz, dessen Gehalt angeblich 150.000 Euro im Monat beträgt, inszenierte auf Instagram sein Luxusleben: Er posierte auf der Motorhaube seines Lamborghini, reiste an exotische Orte und wohnte in einer Zehn-Millionen-Euro-Villa in Sindelfingen. Mittlerweile sind viele Photos gelöscht."*[67]

Karatbars ließ sich aber durch all die Warnungen offenbar nicht beirren und stellte Ende 2020 die V999 Coin vor, die als „Asset-Backed Token" mit hinterlegten 0,1 Gramm Gold pro Token beschrieben wird:

> *„Mit V999, einem Asset-Backed Token (ABT) kann jeder sicher und schnell beliebige Mengen von Gold erwerben und auf ein Gerät speichern, um dieses danach auch über Landesgrenzen zu transportieren."*[68]

Als große Innovation wird behauptet, dass die technische Realisierung nicht auf der Ethereum-, sondern auf der Stellar-Blockchain basiere. Zu Beginn des Projekts seien 300 Milliarden Token generiert worden, die den Goldreserven der EZB und des IWF entsprechen. Sobald ein Token gekauft wird, würde von der Betreiberfirma der entsprechende Wert 1:1 in Gold angelegt, was ein unabhängiger Auditor bestätigen könne.

Laut Prospekt funktioniert die Plattform wie folgt:

Abbildung 14:
Beschreibung der V999-Plattform aus dem Whitepaper

1. Zu Beginn müssen sich Kunden über die britische Plattform Sum & Substance identifizieren.
2. Anschließend können V999-Token über einen Marktplatz namens „Genesis Market" im Umtausch gegen Bitcoin, Euro oder US-Dollar erworben werden.
3. Der Preis des V999-Token wird über den „London fix price" festgelegt. Darunter versteht man ein Verfahren, bei dem zweimal täglich am London Bullion Market der Weltmarktpreis für Gold festgelegt wird.
4. Abhängig von der Anzahl der Token, die der Käufer erwirbt, erhält der Kunde auch einen Bonus, der in Form von V999-Token ausbezahlt wird.

Als Betreiber des Angebots tritt die irische E-Karat International Limited auf. Überdies wird eine luxemburgische Banklizenz der Migom Bank Ltd. aufgeführt. Als Auditor der E-Karat International soll die irische Niederlassung der internationalen Wirtschaftsprüfungskanzlei Mazars in Dublin agieren. Überdies wird ein weiterer „Gold Auditor“ angeführt, nämlich die OSINT Group in Washington.

G999 – Das Krypto-Asset aus der Werbung

Als das deutsche „It-Girl“ Sophia Thomalla in einem Werbefilm mit einem großen goldenen Hammer mit dem Aufdruck „G999“ auftrat, konnte man nicht gleich ahnen, dass es hier auch Verbindungen zu Karatbars geben würde.

Mit ihr auf dem Foto abgebildet ist Josip Heit, der Chef der Hamburger Gold Standard Banking Corporation (GSB), die nach eigenen Angaben einer der größten weltweiten Edelmetallhändler ist.

Im Whitepaper zur G999-Coin, das am 5. Februar 2021 veröffentlicht wurde, werden umfangreiche Teile eines neuen Krypto-Sammelsuriums beschrieben, das weit über eine Kryptowährung hinausgeht:

- Blockchain-basierte Sprach- und Chat-Apps
- Blockchain-basierte E-Mail
- Eigene Crypto-Payment-Karte

Anlegern werden stufenweise höhere Profite versprochen:

- bei 250.000 gekauften Coins 2,5 Prozent Belohnung im Jahr
- bei 750.000 gekauften Coins 7,5 Prozent Belohnung im Jahr

Laut der Webseite, auf der auch das Whitepaper veröffentlicht wurde, ist die GSB Gold Standard Pay Ltd als Finanzdienstleistungsanbieter in Kasachstan registriert und hat dort eine Lizenz für Zahlungsverkehrsdienstleistungen erhalten.[69]

Eine Analyse der Stiftung Warentest förderte Bedenkliches zutage. So hatte die Firma GSB überhaupt nichts mit Kryptowährungen zu tun, sondern war im Jahr 2017 aus einer Firma entstanden, deren Unternehmensgegenstand „die Fabrikation, Import, Export und Vertrieb von chemischen Produkten, Kunststoffen, Pflanzenschutzmitteln, Kreide und Füllstoffen, Farbstoffen, pharmazeutischen und anderen Produkten sowie von seltenen Metallen und Gold, aus, auf und in dem deutschen Markt sowie die Finanzierung von in- und ausländischen Gesellschaften der Gazella Corporate Capital Gruppe (inklusive der Geldaufnahme zu diesem Zweck)" sei.

Die Konsumentenschützer setzten das Unternehmen im Februar 2021 auf die „Warnliste Geldanlage", weil es den falschen Eindruck erweckt, eine Art festverzinste Produkte anzubieten.[70]

Am 28. Dezember 2020 veröffentlichte Harald Seiz, der Gründer von Karatbars, ein Youtube-Video, in dem er sich von ebendieser Firma GSB in aller Form distanzierte. Er gab bekannt, dass er sich von allen Menschen getrennt habe, die Karatbars missbraucht hatten, und nannte speziell die Firma GSB.[71]

In den beschriebenen Fällen ist es höchst fraglich, wohin das Geld der Anleger gegangen ist, und ob sie es jemals zurückerhalten werden. An Profite ist vorerst wohl gar nicht zu denken.

– 6 –

Ekstase am Krypto-Exchange

Ähnlich volatil wie die Kryptowährungen und ICOs entwickelt sich auch ihr Umfeld. Zwar gibt es immer mehr Angebote und Finanzprodukte, die darauf aufsetzen – wie Optionen und Zertifikate – allerdings ist das Risiko sehr groß, dass eine völlig unvorhersehbare Entwicklung einer nachhaltigen Geldvermehrungsstrategie einen Strich durch die Rechnung macht. Dazu gehören Ankündigungen von Nationalstaaten wie China, die Verwendung oder den Handel mit ↗Krypto-Assets einzuschränken, oder wie vom neuen amerikanischen Präsidenten Joe Biden, der auf die Besteuerung von Gewinnen aus dem Kryptowährungshandel abzielt.

Große Profiteure des Kryptobooms sind zweifellos die Kryptobörsen, die allerdings häufig nur über wenig zuverlässige Softwarelösungen verfügen, die keinen internationalen Standards im Bereich der Softwareentwicklung und Datensicherheit Rechnung tragen. Das ist deshalb sehr problematisch, da durch IT-Fehler Inhalte von Kryptobörsen verändert werden können oder der Zugang zu ihnen sogar ganz verunmöglicht wird. Kriminelle Betreiber können das auch ausnutzen und ein Gebrechen vortäuschen, um dann mit dem ganzen Geld zu entkommen.

Einer der jüngsten großen Betrugsvorfälle ereignete sich in der Türkei im April 2021, wo sich der Gründer der Kryptobörse Thodex ins Ausland absetzte und die 400.000 Anleger seiner Plattform plötzlich nicht mehr über Kryptowährungen im

Gegenwert von fast 2 Milliarden Euro verfügen konnten, die auf dieser Plattform für sie verwahrt wurden. Anfangs war auf der Webseite der Thodex-Plattform zu lesen, dass es „Transaktionsprobleme“ gebe. Später räumte Firmenchef Faruk Fatih Özer ein, dass sein Unternehmen im Jahr 2018 wegen einer Cyberattacke in Schieflage geraten sei und mehrere Millionen Euro verloren habe. Dieser Verlust habe dazu beigetragen, dass inzwischen die Zahlungsunfähigkeit erreicht worden sei.

Schon vor einigen Jahren gab es einen viel größeren Fall um die damals weltweit größte Bitcoinbörse Mt. Gox, bei dem die Betreiber behaupteten, sie hätten den Zugriff auf die Assets der Kunden verloren. Von diesem Handelsplatz wurden im Jahr 2014 800.000 Bitcoins gestohlen, die sich in ↗Kryptowallets der Kunden befanden.

Bei der Auswahl der richtigen Kryptobörse für den Verkauf oder Kauf von Kryptowährung ist daher höchste Aufmerksamkeit geboten. Die Kunden sollten sich genau über die verwendeten Technologien und deren Zuverlässigkeit informieren.

Leider besteht in manchen dieser Firmen bis heute eine Garagen-Startup-Mentalität, sodass die verwendeten Systeme häufig von den Firmengründern stammen und nur von ihnen gewartet werden können. Die sichere Verwahrung großer Werte kann auf diese Art und Weise nicht seriös garantiert werden. Aber man muss sich vor Augen führen, dass gerade der IT-Aspekt das zentrale Thema der Anbieter digitaler Angebote darstellt. Der Prozess findet üblicherweise in folgenden Schritten statt:

1. Ein Kunde sendet einen Geldbetrag auf ein Konto des Anbieters.
2. Alternativ wird Geld von einer Kundenkreditkarte abgebucht und dem Konto des Anbieters gutgeschrieben.
3. Mit diesen Mitteln kauft der Anbieter Krypto-Assets.
4. Der Anbieter verrechnet eine Provision für die Transaktion.

5. Die Krypto-Assets werden üblicherweise beim Anbieter in eigenen Wallets gespeichert, die dem Kunden zuzurechnen sind.

Das geht alles gut, solange der Krypto-Anbieter ein gutes IT-System hat, das zuverlässig die Transaktionen durchführt und die Assets sicher verwahrt. Überdies muss er sein Geschäftsmodell auf einem Einkommen aus Provisionen für Transaktionen und gegebenenfalls einer Gebühr für die Speicherung der Wallets abbilden.

– 6.1. –

Kryptogeldwäsche und Anlagebetrug

Kryptobörsen werden immer mehr von Kriminellen genutzt, um im Schutz der Anonymität oder Pseudonymität ↗Geldwäsche zu betreiben. Wie in der „Ersten Nationalen Risikoanalyse 2018/2019" des deutschen Finanzministeriums nachzulesen ist, wurde angesichts der relativ geringen Marktkapitalisierung der Kryptowährungen darin zwar bisher kein großes Problem für das Finanzsystem gesehen. Allerdings gibt es spezielle Segmente, in denen Gelder über Plattformen des ↗Darknets entstehen, die den Behörden Sorge bereiten:

> *„Wichtige Ausnahmen stellen in diesem Zusammenhang bereits vorliegende inkriminierte Kryptowerte dar, die etwa im Darknet durch strafbare Handlungen sowie durch Kryptotrojaner erwirtschaftet wurden. Daran anschließende digitale Geldwäschehandlungen können als volldigitale oder medienbruchfreie Kryptogeldwäsche bezeichnet werden. Weiterhin ist es denkbar, dass Täter vorgeblich eigenes Mining betreiben und ihre illegalen Kryptowerte als Produkt dieses Minings deklarieren, um so deren illegale Herkunft zu verschleiern. Dabei kann schon die Beschaffung der relativ teuren Mining-Ausrüstung sowie deren Betrieb durch inkriminierte Gelder finanziert sein."*[72]

In der Theorie sollte es bei den großen Kryptowährungen Bitcoin und Ether so sein, dass klar ist, wer welche Transaktion gemacht hat. Bei der Einrichtung einer ↗Krypto-Wallet werden die Kunden penibel registriert, und die Blockchain mit den Transaktionen ist öffentlich einsehbar.

Mixer- oder Tumbler-Dienste genannte Anbieter, die sich häufig im Darknet tummeln, helfen Kriminellen allerdings, die Herkunft von Kryptowährungen zu verschleiern. Eine *CoinJoin* genannte Methode, die etwa vom „Bitcoin-Privacy"-Wallet Wasabi angeboten wird, ermöglicht es, Transaktionen verschiedener Urheber in eine große Transaktion zu integrieren – und danach die einzelnen Teile wieder den Eigentümern der Kryptowährungen zu senden.[73]

Um solche Verschleierungshandlungen durchzuführen, benötigt man allerdings schon ein gewisses Know-how und auch das Vertrauen in Mixer-, Tumbler- oder CoinJoin-Anbieter, dass diese die anvertrauten Assets am Ende wieder in ein wenig veränderter Form auswerfen. Auch die Gebühren sind saftig – und betragen in der Regel bis zu 5 Prozent der Krypto-Assets.

Hardware-Wallets

Eine gute Ergänzung zu den Krypto-Handelsplätzen stellen Hardware-Wallets dar, auf denen offline Krypto-Assets gespeichert werden können. Speichert man diese auf eigener Hardware, kann man sich vor Diebstählen und Softwaregebrechen schützen, die in den Systemen der Betreiber von Handelsplätzen bestehen, bei denen unklar ist, auf welcher technischen Basis und mit welcher Sorgfalt gearbeitet wird. Eine solche Hardware ist beispielsweise der *Ledger Nano*, der wie ein USB-Stick aussieht, in dem sich aber ein kleiner Rechner befindet, der in Zusammenarbeit mit einem Sicherheitschip die Informationen über die Kryptowallets des Benutzers sehr sicher abspeichert.

Allerdings gibt es Bedenken der Finanzmarktaufsichten im Hinblick auf die Hardware-Wallets, da durch diese externen Speicher unkontrollierbare Geldwäschevorgänge ermöglicht werden können. Befinden sich die Kryptocoins einmal in einem Hardware-Ledger, können sie – je nach Hardware – weitergegeben werden, ohne dass klar ist, welchen Weg die Assets nehmen. Daher gibt es in der EU strenge Vorschriften für die Betreiber von Kryptobörsen, wie sie mit Guthaben auf selbstverwalteten elektronischen Geldbörsen – wie etwa Hardware-Wallets – umgehen sollen. In Deutschland steht in einem aktuellen Arbeitsentwurf für die Implementierung der „Kryptowertetransferverordnung“:

> *„Die Anonymität ist eines der Hauptrisiken von Kryptowerten für den Missbrauch für kriminelle und terroristische Zwecke. Ein potenziell höheres Risiko der Geldwäsche und der Terrorismusfinanzierung besteht aufgrund der fehlenden Zuordnung von Kryptowertetransfers zu den transaktionsbeteiligten Inhabern, anders als dies bei Geldtransfers der Fall ist. Durch die Verordnung wird die Übermittlung von Informationen über Auftraggeber und Empfänger bei der Übertragung von Kryptowerten angeordnet, wie dies bei Geldtransfers [...] geregelt ist. Für die Übertragung von Kryptowerten auf elektronische Geldbörsen, die nicht durch einen Kryptoverwahrer verwaltet werden, werden erhöhte Sorgfaltspflichten festgelegt.“*[74]

Gemäß dem Entwurf müssen Kryptowertedienstleister künftig die Namen und Anschriften der Transaktionsbeteiligten bei solchen Transaktionen sorgfältig ermitteln und speichern. Die Übertragung von Kryptowerten auf elektronische Geldbörsen, die nicht von einem Kryptoverwahrer verwaltet werden – oder umgekehrt – werden vom deutschen Gesetzgeber als Fallkonstellationen mit erhöhtem Risiko betrachtet und könnten schon Anhaltspunkte für auffällige Transaktionen darstellen. Auf die in Deutschland ansässigen Kryptobörsen und Kryptoverwahrer kommt viel Arbeit zu, da sie die Daten aller Transaktionsbeteiligen erheben und speichern müssen, wie das beispielsweise auch bei einer konzessionierten Bank im Falle eines Geldtransfers gemäß der Geldtransferverordnung (GTVO) notwendig ist. Der Entwurf sieht vor:

> *„Aufgrund des erhöhten Risikos von Geldwäsche und Terrorismusfinanzierung bei Transaktionen mit Kryptowerten wird die entsprechende Anwendung der GTVO angeordnet. Dies bedeutet, dass Kryptowertedienstleister, die im Auftrag eines Auftragsnehmers Kryptowerte übertragen, dem Kryptowertedienstleister, der auf Seiten des Empfängers handelt, Angaben zum Namen, zur Anschrift und zur Kontonummer (z.B. den öffentlichen Schlüssel) des Auftragsgebers und zum Namen und zur Kontonummer (z.B. öffentlicher Schlüssel) des Begünstigten zeitgleich und sicher übermitteln müssen. Der Kryptowertedienstleister, der für den Begünstigten handelt, hat sicherzustellen, dass er die Informationen zu Auftraggeber und Begünstigten auch erhält und speichert. Die lückenlose Rückverfolgbarkeit der an einer Übertragung von Kryptowerten Beteiligten dient der Verhinderung, Aufdeckung und Ermittlung von Geldwäsche und Terrorismusfinanzierung sowie der Überwachung von Sanktionsumgehungen.*
>
> *Die Verordnung ordnet ferner an, dass ein Verpflichteter sicherstellen muss, dass Angaben zum Begünstigten oder Auftraggeber einer Übertragung erhoben werden, wenn die Übertragung von oder auf eine elektronische Geldbörse erfolgt, die nicht von einem Kryptowertedienstleister verwaltet wird, auch wenn eine Übermittlung der Daten in diesem Fall nicht in Betracht kommt."*

Wie weit das machbar ist und wie gut die Verordnung eingehalten werden kann, wird sich noch zeigen. Alternativen, wie ein Verbot von Transaktionen, die nicht von einem konzessionierten Kryptoverwahrer kommen, wurden im Arbeitsentwurf verworfen, da diese aufgrund des sehr häufig grenzüberschreitenden Charakters von Transaktionen wohl nicht zielführend wären.

Anlagebetrug mit Kryptofonds

Kryptofonds versprechen, die Volatilität der Kryptowährungen durch einen Mix aus verschiedenen Titeln abzufedern. Ihre Zusammensetzung ist häufig umstritten, und angesichts der Volatilität der Bestandteile lässt sich schwer eine Prognose über die Entwicklung abgeben. In diesem Segment treiben sich allerdings auch sehr trickreiche Kriminelle herum, die Menschen mit hohen Renditeversprechen Geld abknöpfen.

In den USA ist im März 2021 der Brite Benjamin Reynolds zu einer Strafzahlung von mehr als einer halben Milliarde Euro verurteilt worden, weil er durch große Renditeversprechen in profitable Kryptofonds von seinen Opfern 20.000 Bitcoins ergaunerte und die Anleger ihr Geld verloren.[75] Er gab sich als Unternehmer aus, der in seiner Firma Control-Finance viele Finanzspezialisten um sich herum geschart hatte, die das bei ihm in Kryptowährungen angelegte Geld wiederum am Kryptomarkt reinvestieren würden. Nach seinem Untertauchen im Oktober 2017 stellte sich heraus, dass er die ihm anvertrauten Bitcoins gar nicht angelegt, sondern sie in missbräuchlicher Art und Weise in seinen privaten Besitz gebracht hatte.[76]

Wie erkennt man betrügerische Angebote?

Gescheiterte Betreiber von Kryptobörsen hatten das nicht von Anfang an vor. Ihnen wuchs bisweilen der Entwicklungsaufwand für die notwendigen Webseiten, Apps und Datenbanken über den Kopf, sie verschätzten sich im Marketingaufwand oder wurden Opfer von Cyberangriffen.

Ein ganz anderes Kapitel sind allerdings Angebote, die schon grundsätzlich in der Absicht geschaffen werden, Menschen das Geld aus der Tasche zu ziehen, ohne es für sie zu veranlagen oder später wieder zurückzugeben. Für Anleger ist es fast unmöglich, ihr Geld wieder zurückzuerhalten, außer wenn sie ganz am Anfang der betrügerischen Unternehmung zu Kunden werden, während diese - zumeist pyramidenartig angelegten Systeme - noch im Aufbau begriffen sind.

Man kann den Ablauf von Betrugsmodellen im Bereich der Krypto-Handelsplätze grob in zehn verschiedenen Phasen beschreiben:

Phase I -
Unternehmensgründung und initiale Webpräsenz

In der ersten Phase wird eine Firma in einem seriös anmutenden westlichen Land gegründet, die im Eigentum von jungen, dynamischen Personen steht und geleitet wird, die aus der FinTech-Welt kommen und angeblich bereits große Erfolge erzielt haben. Zumeist handelt es sich bei den Personen um Männer.

Die Firma wird auf einer neuen Webseite vorgestellt, auf der auch ein reizvolles Angebot im Bereich des Handels mit Kryptowährungen formuliert wird. Dabei kann es sich um eine besonders schön aufgemachte Seite handeln, auf der Kryptowährungen, deren Entwicklung und Historie übersichtlich dargestellt werden oder besonders viele Zusatzinformationen dazu existieren. Als Designvorbild dient vielen Anbietern der amerikanische Handelsplatz Coinbase. Dafür gibt es Templates, die den Betrieb auf der weltweit in vielen Sprachen verfügbaren Redaktionsplattform Wordpress ermöglichen und sehr professionell erscheinen lassen.

Auf der neu erstellten Webseite wird angekündigt, dass es bald möglich sein wird, mit Kryptowährungen zu handeln und diese auf der Webseite in Krypto-Wallets zu verwalten, ohne dass Kunden selbst irgendeine Software oder Hardware installieren müssen.

Phase II –
Ankündigung einer mobilen App

Nach dem Launch der Webseite wird eine App angekündigt, die alle Stücke spielt. Über diese soll ein sehr schneller Handel mit Kryptowährungen möglich sein, um auf ganz aktuelle Schwankungen einzugehen.

Ein Prototyp der App wird manchmal tatsächlich entwickelt und vorgestellt, der allerdings viel weniger kann als die Webseite. Immer wieder wird angekündigt, dass bald eine weitere Funktionalität dazukommen wird. Auch für die mobilen Apps gibt es günstige Templates, die im Internet zugekauft werden können.

Phase III –
Beginn des Kryptowährungshandels auf der Webseite

Auf der Webseite des Anbieters wird die Möglichkeit geschaffen, Kryptowährungen zu kaufen. Der Kunde kann dazu einen Betrag von seiner Kreditkarte abbuchen lassen oder einen Zahlungsverkehrsanbieter wie Paypal benutzen. Meist wird sehr schnell auch eine Möglichkeit angeboten, Geld in Euro oder anderen Währungen (↗Fiat-Währungen) auf ein Girokonto des Anbieters zu überweisen, das dann auf dem Konto das Kunden aufscheint und mit dem wiederum Kryptowährungen gekauft werden können.

Es wird darauf hingewiesen, dass dabei besonders geringe Gebühren verrechnet werden, dass besonders schnell gekauft oder verkauft werden kann oder dass auch exotische Kryptowährungen gehandelt werden können. Damit würde sich der Kryptohandelsplatz von der Konkurrenz unterscheiden. Der Betreiber legt angeblich virtuelle Wallets für jede Währung und jeden Kunden an und vermittelt in einem Kundenkonto einen Überblick über die Transaktionen und das Guthaben.

Phase IV –
Initiales Marketing

Während die Webseite und die App anläuft, wird ein großer Marketingaufwand betrieben, um das neue Angebot in sozialen Medien zu bewerben.

Werbeanzeigen erscheinen auf Facebook und Instagram und vermitteln die Möglichkeit der Nutzung einer tollen, neuen Plattform, die in vielen Varianten den Konkurrenten auf dem Markt überlegen ist. Dazu erscheinen Informationen über die Gründer. Die oben genannten Herren haben häufig „Garagenfirmen" gegründet, und es ist ihnen gelungen, einen sehr erfahrenen Aufsichtsrat oder Beirat zu formieren. Dort findet sich meist die eine oder andere Celebrity (z.B. ehemalige Politiker, Bankmanager, Journalisten).

Phase V –
Aufbau einer Multi-Level-Marketing-Struktur

Parallel zum Marketing in sozialen Medien startet die Rekrutierung einer Vertriebsstruktur, die für „Netzwerkmarketing" oder „Multi-Level-Marketing" notwendig ist. Diese Struktur verkauft zumeist „Schulungs-Pakete", Seminare über Kryptowährungen oder andere Technologiethemen, und beinhaltet auch die „unentgeltliche" Nutzung der neuen Plattform. Dabei wäre die Nutzung ohnehin entgeltfrei, bis auf die Provisionen für den Handel mit Kryptowährungen.

Vertriebsmitarbeiter erhalten einen Prozentsatz der Kosten der verkauften Packages als Provision und werden angehalten, weitere Vertriebsarbeiter zu werben, sodass insgesamt eine Vertriebspyramide entsteht. Für die Präsentation der neuen, überragenden Angebote vor den Vertriebsmitarbeitern werden Säle in teuren Hotels gemietet, Konferenzzentren oder sogar Fußballstadien, in denen die Gründer der Firmen auftreten und von Bodyguards und Celebritys begleitet werden.

Phase VI – Firmensitzverlegung

Nach dem Aufbau der Interaktionsmöglichkeiten mit den Kunden (Webseite, App, Multi-Level-Marketing) werden Strukturen in verschiedenen Ländern geschaffen, in denen es möglich ist, ↗Geldwäsche zu betreiben.

Sehr beliebt sind bei Kriminellen Firmen in Dubai, Panama oder Estland. Nach außen hin (im Impressum der Webseite oder App) treten aber weiterhin Firmen auf, die im Hauptvertriebsland des Anbieters registriert sind.

Phase VII – Ankündigung einer eigenen Coin (ICO)

In diese Phase fällt die Ankündigung eines „digitalen Börsengangs" (ICO), also die Präsentation einer eigenen Kryptowährung, von der bereits vor dem ICO Einheiten zu besonders guten Konditionen erworben werden können (*Pre-ICO Sale*).

Das soll bestehende Kunden dazu verleiten, noch mehr Geld auf die Plattform zu transferieren, um schon früh in die neue Coin zu investieren.

Überdies werden Lockangebote entwickelt, damit bestehende Kryptowährungen, die sich in den Kunden-Wallets befinden, in Einheiten der neuen, zukünftigen Coin umgewandelt werden.

Phase VIII – Soziales Engagement / Schaffung eines Mitgliederclubs

Das Marketing des Unternehmens oder der Plattform wird um Aspekte des sozialen Engagements erweitert, die vor allem den Vertriebsmitarbeitern suggerieren sollen, dass sie für eine besonders engagierte Organisation tätig sind, die sogar wohltätig ist und daher sicher nichts Böses im Schilde führt.

Karitatives Engagement, die Unterstützung von Schulen oder Universitäten, Hilfslieferungen oder Notfallhilfen durch das Top-Management des Anbieters werden in dieser Phase thematisiert, um zu signalisieren, dass man eine über das Angebot hinausgehende Verantwortung wahrnimmt.

Um die Kunden von den schier unendlichen Möglichkeiten der Plattform zu überzeugen, werden auf der Webseite und in den Marketing-Gesprächen ganz neue Angebote erwähnt, an denen die Mitglieder eines „Clubs" teilnehmen können, den der Anbieter jetzt gegründet hat.

Dieser Klub ermöglicht den Zugang zu teuren Autos, ohne diese anmieten zu müssen, den Ankauf von Uhren und anderen wertvollen Gegenständen zu reduzierten Preisen oder Luxusreisen oder gar Anteilen an Luxuswohnungen irgendwo auf der Welt.

Voraussetzung ist nur, dass man genug Umsatz mit der Plattform macht und das Geld dort belässt.

Phase IX –
Technische Probleme / Hohe Zinsen

Wenn genug Geld eingesammelt ist – oder der Plattform rechtliche Probleme drohen – werden plötzlich technische Probleme vorgegeben, die es verunmöglichen, dass Kunden ihre Einlagen abschöpfen.

Im „Austausch" dafür erhalten sie allerdings die Information, dass wegen der Probleme ein sehr hoher Zinssatz für die Einlagen verwendet würde. Täglich wird das Konto mit diesem Zinssatz durchgerechnet, und man kann sehen, wie die Guthaben ansteigen.

Über die Gründer und Spitzenfunktionäre der Anbieter wird in dieser Phase in allen möglichen Medien berichtet, dass sie sehr reich und erfolgreich sind. Sie werden mit Juwelen, Luxusautos und Privatflugzeugen abgelichtet. In vielen Fällen handelt es sich um billige Marketingtricks und bearbeitete Fotos, um einen Schein zu suggerieren, dem kein wirkliches „Sein“ gegenübersteht.

Die Kunden und Vertriebsmitarbeiter sollen damit beruhigt werden, dass diese Vorbilder ja alle mit der von ihnen geschaffenen Plattform reich geworden seien und das für jeden weiterhin möglich sei.

Phase X –
Ausstieg der Betreiber / Verschwinden des Geldes
In dieser Phase steigen die Firmengründer aus dem Unternehmen aus. Das geschieht zumeist mit dem Vorwand, dass sie sich neu orientieren würden oder eine Auszeit benötigen, da sie so lange Zeit so Großartiges geschaffen haben. Sie werden durch Abwickler ersetzt, die meist schon in der deutlich veränderten Firmenstruktur aus anderen Ländern heraus operieren, in denen die Durchsetzung von Rechtsansprüchen gegen die Plattformen nur schwer möglich ist. Am Ende sind die Betrüger mit dem ganzen Geld weg, und die Plattform dümpelt noch eine Zeit lang dahin, da nicht in allen Teilen der Welt sofort die Einschätzung geteilt wird, dass es sie nicht mehr gibt. Das hat auch damit zu tun, dass die Multi-Level-Marketing-Strukturen ein Eigenleben haben und sich nicht einfach von einem Tag auf den anderen abschalten lassen.

Wieso fallen immer wieder Menschen auf Krypto-Betrüger herein?

Es gibt drei wesentliche Gründe dafür:

- Einerseits gibt es eine große Gruppe von Verzweifelten, die dringend Geld benötigen und aus verschiedenen Gründen glauben, dass sie mit der Wahrnehmung eines bestimmten – wenn auch überzogen erscheinenden – Angebots viel Geld machen können. Die Gründe dafür sind meist im Umfeld der Opfer zu finden, weil sie etwa von einem Familienmitglied oder engen Freund als Kunden angeworben wurden, dem sie besonders vertrauen.

- Eine weitere große Triebfeder ist die Gier, die manche zu Investitionen in Angebote verleitet, die sehr eigenartig sind. Diese Motivation ist häufig mit der Überzeugung kombiniert, dass man ohnehin früh genug aussteigen könne - auf jeden Fall noch vor den anderen, die vielleicht wirklich Geld verlieren werden.
- Eine letzte große Gruppe stellen Menschen dar, die das Thema Kryptowährungen nicht gut verstehen und betrügerische Angebote nicht durchschauen. Diese Opfer fallen auf trickreiche Vorbringen herein und glauben oft, dass sie bei etwas Innovativem, Weltbewegendem mitmachen, bei dem sie nur gewinnen können.

Vom äußeren Ablauf gibt es auffällige Parallelen bei der Krypto-Handelsplattform EXW. Was genau dahintersteckt und wie es ausgeht, ist allerdings noch offen.

– 6.2. –

Die Krypto-Geldmaschine aus Kärnten

Viele träumen davon, ein Luxusfahrzeug gratis zu benützen. Es gibt sogar Menschen, die sich wichtige Positionen in staatlichen Unternehmen erschleichen, damit sie dann mit einer großen, dunklen Limousine herumfahren können. Allerdings denken die wenigsten von uns daran, dass die Benutzung einer speziellen Plattform für den Handel mit Kryptowährungen als Nebeneffekt die unentgeltliche Benutzung eines tollen Fahrzeugs mit sich bringen könnte.

Der 1997 geborene Kärntner Benjamin Herzog hat offenbar daran gedacht, als er die Krypto-Handelsplattform EXW Wallet gründete. Wie kommt man dort zu einem Luxusauto? Ganz einfach: Man muss nur mit viel Geld auf seiner Plattform handeln. In einem Webinar wird erklärt, dass man dann Bonuspunkte gutgeschrieben bekommt, die man für die Langzeitnutzung eines teuren Fahrzeugs einsetzen kann. Als Nutzer der „EXW Global“-Webseite kann man in der Rubrik „Exchange-World“ eine Liste mit fünf verschiedenen Autokategorien finden, die vom Audi A1 bis zum AMG-Mercedes reichen.

Abbildung 15:
Angebot EX-Drive der Plattform Exchange World Global

Ohne alle Inhalte genau zu erklären, wird eine umfangreiche Welt von Dienstleistungen offeriert, die dem erlauchten Kundenkreis der Kryptobörse EXW Wallet offenstehen.

Das Angebot firmiert gesamthaft als „EXW Ecosystem" und hat viele verlockende Aspekte, die in einem primären und einem sekundären Ökosystem beschrieben werden:[77] Die Teile dieser virtuellen Welt heißen EXTrade, EXPay, EXShift, EXHealth, EXResource, EXUniversity, EXDrive, EXTravel, EXCloud, EXGreen, EXMall und offerieren Vergünstigungen und exklusive Sonderangebote in allen Lebensbereichen. Nur EXLife scheint noch unfertig – dort steht auf der Webseite

„The universe speaks only one language. The vibration."

Menschen, die solch komplexe Angebote wie das „EXW Ecosystem" präsentiert bekommen, werden sich wohl im einen oder anderen Fall denken, dass da ein gut durchdachtes Konzept dahinterstehen muss, und ein interessanter Anbieter, der über Bonuszahlungen Zusatzangebote schafft. Aber wie funktioniert EXW, und auf welcher Basis kommen solche Bonuszahlungen angeblich zustande?

Zu Beginn müssen Kunden entweder Bitcoin oder Ether an die digitalen Geldbörsen des Handelsplatzes überweisen oder Euro auf ein Girokonto einzahlen. In einem Webinar erwähnte der Gründer Benjamin Herzog im Jahr 2019, dass er in Verhandlungen mit der Niederlassung der BNP Paribas-Bank in der Ukraine stehe, die den diesbezüglichen Zahlungsverkehr managen soll. Es ist allerdings nicht klar, ob es zu einer Kooperation mit dem Institut gekommen ist. Die EXW-Plattform wirbt damit, dass das auf dem Kundenkonto befindliche Geld, das die Plattform verwaltet, täglich mehr wird, da eine Ausschüttung von 0,1 bis 0,32 Prozent stattfindet. Diese würde auf der Basis eines Handelsertrags stehen, der von eigens dafür bei der Plattform arbeitenden Händlern mit den Kundengeldern erwirtschaftet wird.

In einem der unzähligen Webinare von EXW wird den Kunden auch versprochen, dass alles mit rechten Dingen zugeht und die Plattform transparent und sicher betrieben wird.

Das Whitepaper von EXW, das am 1. August 2019 erstellt wurde, wirkt etwas lieblos zusammengestellt. Dort werden allgemeine Begriffe wie Krypto-Token, ↗Fiat-Geld, Volatilität oder der Handel mit Kryptowährungen erklärt. Überdies wird von einer „Triangular Arbitrage Strategy" gesprochen, mit der Gewinne gemacht werden könnten, indem man verschiedene Kryptowährungen nacheinander kauft und dafür nicht jeweils Fiat-Geld, sondern wiederum Kryptowährungen einsetzt. Schließlich wird ausgeführt, dass man im Rahmen eines ↗ICO einen neuen Token plant, der auf der Ethereum-Blockchain realisiert werden soll:

„Der EXW Token wird als ERC 20 Token realisiert."[78]

Im Gegensatz zu Veröffentlichungen in Whitepapers vieler Projekte wird in diesem Dokument nicht angegeben, in welchem Zeitraum dieser ICO stattfinden soll, welche Erwartungshaltungen hinsichtlich der Einnahmen daran geknüpft sind bzw. wie viele Token ausgegeben werden sollen und wie man diese verwenden möchte.

Allerdings wird am Ende des Papiers ein Vertriebsmodell skizziert, das eine zehnstufige Pyramidenstruktur vorsieht – vom Mitarbeiter auf der Stufe „Basic" bis zur höchsten Ebene „World Elite". In einem als „Verkaufsplan" beschriebenen Teil wird ausgeführt:

> *„Nach dem sehr erfolgreichen Start von EXW folgt jetzt die große Revolution. Aufgrund unseres erfolgreichen Handelsbereichs, können wir hohe Gewinne mit geringem Risiko erwirtschaften. Mit dem neuen EXW Wallet und den EXW Coins erhalten Sie 0.1%–0.32% pro Tag in EXW. Sie können diese jederzeit in Bitcoin oder Ether auszahlen lassen. Zusätzlich können Sie die Beträge reinvestieren, um noch mehr Geld zu machen."*

Eine Nachschau in der Etherscan-Datenbank, in der alle auf der Ethereum-Blockchain ausgegebenen Token angeführt werden, zeigt, dass es bisher allerdings keinen ICO eines EXW-Token gab und dass keine Krypto-Assets mit diesem Namen gehandelt werden.[79]

Wie funktioniert dann die angeblich digitale Währung EXW, die laut Whitepaper eine ERC-20-Anwendung auf der Ethereum-Blockchain ist, wenn sie dort gar nicht existiert? Das bleibt bis heute unklar.

Gründer, Firmen, welchselnde Eigentümer

EXW World hat nicht nur ein umfangreiches digitales Angebot auf der Webseite, sondern auch eine sehr weit gefasste Firmenstruktur. Der Gründer, Benjamin Herzog, hatte in seinem früheren Berufsleben Erfahrungen mit der Firma Avintex GmbH gesammelt, die seit Februar 2018 Hardware für Crypto-Mining-Zwecke anbot. Die von ihm am 26. Juni 2018 mitgegründete Viva Payment Solutions GmbH sollte das Trägerunternehmen für EXW werden. Im Dezember 2019 wurde im Impressum der Webseite von EXW Wallet eine umfangreichere Struktur bekannt gegeben, die Firmen in Liechtenstein, Thailand, Großbritannien und Estland beinhaltete.

EXW betreibt bis heute mehrere Telegram-Kanäle, um mit Kunden und Mitarbeitern in Verbindung zu bleiben. Im November 2020 wurde auf dem Kanal „EXW Official" bekannt gegeben, dass Benjamin Herzog seine Anteile an Manuel Batista und Pirmin Troger verkauft habe und im guten Einvernehmen aus der Gesellschaft ausgeschieden sei:

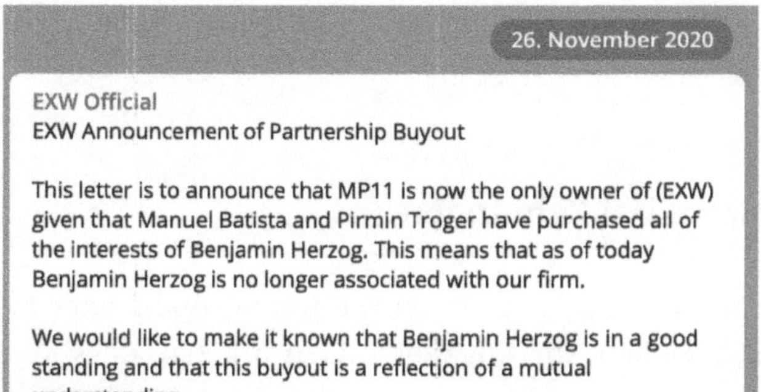

26. November 2020

EXW Official
EXW Announcement of Partnership Buyout

This letter is to announce that MP11 is now the only owner of (EXW) given that Manuel Batista and Pirmin Troger have purchased all of the interests of Benjamin Herzog. This means that as of today Benjamin Herzog is no longer associated with our firm.

We would like to make it known that Benjamin Herzog is in a good standing and that this buyout is a reflection of a mutual understanding.

EXW will continue its mission of connecting the old with the new and we are looking forward to continuing servicing you all.

9904 20:11

Abbildung 16:
Bekanntgabe von EXW über den Ausstieg des Gründers

Die Übernahme wurde offenbar durch die Firma MP11 FZ LLC in den Vereinigten Arabischen Emiraten vorgenommen.[80] In einem Newsletter, der Anfang Juni 2021 im Telegram-Kanal erschien, wurde eine neue Firmenstruktur vorgestellt, an deren

Spitze eine Holding in den Vereinigten Arabischen Emiraten steht, die mit Firmen in Gibraltar, Norwegen, Bahrain und Estland zusammenarbeiten soll. Erwähnt wurde auch, dass in der neuen Firmenstruktur Kryptowährungskurse im Rahmen einer „Mars Academy“ angeboten werden sollen, und Immobilienprojekte in Brasilien, Peru, Mexiko, Portugal, Spanien, Italien, Gambia, Uganda, den Vereinigten Arabischen Emiraten und in China geplant seien.

In einer der letzten Bekanntmachungen vor Redaktionsschluss dieses Buchs informierten die neuen Eigentümer auf Telegram, dass die Firma bald wieder ein neues Management erhalten werde. Im Newsletter vom 7. Juni 2021 veröffentlichten diese eine Art Durchhalteparole:

> *„Wir sind Xchange World! Ein Team! Eine Familie! Eine große Zukunft! Gemeinsam machen wir Träume möglich! Wir sind gekommen, um zu bleiben!“*

Probleme bei Zahlungen

Während des Jahres 2020 wurde immer mehr über IT-Probleme berichtet, die angeblich dazu führten, dass Kundengelder nicht ausgezahlt werden konnten. Seit April 2020 wurde von einer größeren Umstellung berichtet, die immer wieder Rückschläge nach sich zog. Sogar Performanceprobleme bei Bitcoin, die durch das bevorstehende ↗Halving entstanden seien, wurden als Grund für die Nichtausführung von Kundentransaktionen angegeben. In mehreren Newslettern informierte die neue EXW-Führung darüber, dass es zu schwerwiegenden Problemen gekommen sei – etwa im Mai 2021:

> *„EXW hatte einen sehr kraftvollen Start seit dem Start im September 2019, dank starker Führungspersönlichkeiten auf*

der ganzen Welt, die zum Wachstum der EXW-Community beigetragen haben. Wie wir alle wissen, wurden die Dinge dann wirklich hart. Sowohl für das Unternehmen als auch für die Community. Der Kampf begann und das war auch die Zeit, in der die Leute begannen, das Vertrauen in EXW zu verlieren. Im November 2020 gab es einige sehr wichtige Änderungen innerhalb des Kernteams und nach diesen Änderungen reduzierte EXW die Kommunikation mit der Community auf ein absolutes Minimum. Dies war notwendig, weil EXW, so wie man es kannte, nicht mehr dasselbe war. Das Haus, das gebaut wurde, hatte falsche Fundamente, die nach November 2020 auseinandergerissen wurden. Diese Fundamente wurden wieder aufgebaut und Sie werden in diesem Update lesen, wie wir das gemacht haben.
Angefangen mit der Säuberung jedes einzelnen EXW-Kontos auf der Suche nach ‚Schwarzen Schafen', die gegen die Geschäftsbedingungen verstoßen haben und damit große Probleme für das gesamte System verursacht haben. Diese ‚schwarzen Schafe' wurden entfernt."[81]

Die neuen Eigentümer versprechen nunmehr:

„Es ist wichtig zu verstehen, dass die Anfangsinvestition zu 100% zurückerstattet wird."

Aufsichtsbehörden vieler Länder warnen inzwischen vor EXW und haben den Geschäftsbetrieb beispielsweise in Spanien teilweise verboten.

Warnungen von Behörden

Trotz der dargestellten Sicherheitsmaßnahmen und der umfangreichen und professionellen Präsentation des EXW-Handelsplatzes warnte die österreichische Finanzmarktaufsicht schon im Jahr 2019 vor den Finanzprodukten dieses Unternehmens. Am 10. Januar 2020 veröffentlichte die Finanzmarktaufsicht in Liechtenstein ebenfalls eine Warnung vor der offenbar im Unternehmensverbund befindlichen EXW Global und wies darauf hin, dass diese nicht über eine aufsichtsrechtliche Bewilligung der FMA verfüge. Die Schweizer FINMA hat anschließend die estnische Firma VIVAEXCHANGE OÜ auf ihre Warnliste gesetzt,[82] was auch die spanische Aufsichtsbehörde CNMV tat, die öffentlich vor dem Unternehmen warnte und schrieb, dass die Firma in Spanien keine Investment-Services anbieten darf.[83] Zum Jahresbeginn 2021 veröffentlichte schließlich die deutsche Aufsichtsbehörde BaFin eine sehr kritische Beurteilung und äußerte den Verdacht, dass EXW unerlaubte Zahlungsverkehrsdienstleistungen in Deutschland durchführt.

Das Management von EXW hielt stets dagegen, dass sie eine elektronische Handelsplattform geschaffen hätten, die gar keine Zahlungsverkehrsdienstleistungen anbiete, die unter die BaFin-Regulierung fallen würden, sondern lediglich Krypto-Assets ankauft und wieder verkauft. Der Kärntner Benjamin Herzog mit Wohnsitz in Thailand mag wohl wenig erbaut gewesen sein, dass sogar die thailändische Aufsichtsbehörde SEC am 18. Februar 2020 vor EXW warnte.[84]

Der Firmengründer als internationaler Star

Während die von ihm aus der Taufe gehobene EXW Wallet und EXW World in unsicheren Gewässern dahinschippert und laufend beunruhigende Nachrichten an die Kunden sendet, ist Benjamin Herzog schon längst weitergezogen. Schon während seiner Zeit als Chef der EXW begannen Veröffentlichungen auf weithin unbekannten Nachrichten-Webseiten, die den jungen Firmengründer in völlig neuen Geschäftsfeldern vorstellten.

Diese Berichte weisen allerdings Anzeichen einer Desinformationskampagne auf und scheinen von einem indischen Anbieter zugekauft worden zu sein, den auch andere österreichische Multilevel-Marketing-Unternehmer benutzen.

Nachfolgend einige Beispiele für solche Berichte:

Veröffentlichung 1
Datum: 5. Februar 2020
Webseite: The Open News (www.theopennews.com)

Am 5. Februar 2020 berichtete der Autor Brian Williams auf der News-Plattform *The Open News*, dass Benjamin Herzog die Firma Teatime und überdies den zweitgrößten österreichischen Cloud-Mining Provider Avintex gegründet habe. Danach habe er die Viva Payment Solutions und eine PhoenXPy geschaffen, die inzwischen als Transfera firmiere.

Herzog möchte nunmehr im Immobiliengeschäft in Dubai Fuß fassen und habe dafür die Herzog Real Estade Ltd. gegründet.

Herzogs Motto sei *„To go big in life, I believe one must take risks“*:[85]

Benjamin Herzog Has A Valid Reason On Why He Chose To Venture Into Multiple Businesses In The Last 3 Years!

Abbildung 17: Artikel in *The Open News* über Benjamin Herzog

Die Plattform *The Open News* wurde am 7. Juni 2018 registriert. Die Registrierungsdaten sind allerdings vor ↗WHOIS-Abfragen verborgen. Dazu wird das isländische Service *WithheldforPrivacy* verwendet.[86]

Für die verschlüsselte Kommunikation wurde ein ↗SSL-Zertifikat des Providers *Let's Encrypt* verwendet, bei dem die Einrichtung eines Zertifikats ohne aufwendige Prüfungen – und unentgeltlich – möglich ist.

Auf Facebook findet sich ein zugehöriger Account für die angebliche Nachrichtenplattform *The Open News* mit der Bezeichnung @OpenTheNews24x7. Dieser Account existiert erst seit 28. Mai 2020, wurde Mitte Juni 2021 von 144 Personen abonniert und hat 155 Likes erhalten. Für die Kontaktaufnahme wird die indische Telefonnummer +91 80879 96871 angegeben, dazu eine indische Adresse.

Im Team der Plattform *The Open News* werden vier Autoren aufgeführt, von denen neben Williams auch zwei weitere über junge, erfolgreiche Österreicher geschrieben haben:

- Am 14. Februar 2020 berichtet der Autor Justin Beltrame über einen Österreicher namens Alois Köhle, der gemeinsam mit Gerald Hörhahn die „Punk Academy" mitbegründet und im Jahr 2018 die AK Immo gegründet habe, mit der er Grundstücke kaufte und verkaufte.[87]
- Am 9. April berichtet der Autor Robert Stewart über einen jungen Österreicher namens Andreas Vezonik, der so wie Benjamin Herzog an den Firmen Transfera und VolumeX beteiligt sei.[88]

Es liegt zumindest bei Letzterem die Vermutung sehr nahe, dass die Veröffentlichung der Nachrichten über ihn und Herzog zusammenhängen.

Veröffentlichung 2
Datum: 11. Februar 2020
Medium: Verna Magazine (www.vernamagazine.com)

Am 11. Februar 2020 berichtete der Autor Fritz Klausner auf der News-Plattform *Verna Magazine* die gleiche Geschichte über Herzogs persönliche Historie, die schon in *The Open News* nachzulesen war.[89]

Überdies wurde angemerkt, dass Herzog an einem Fashion-Brand namens *Understatement* arbeiten würde, der in Zukunft internationalen Größen wie Givenchy, Amiri oder Louis Vuitton Konkurrenz machen würde.

VERNA

HOME FASHION LIFE & CULTURE

Benjamin Herzog – Is the Austrian entrepreneur planning a new fashion brand?

by Fritz Klausner – February 11, 2020

0

269.9k SHARES 2.1M VIEWS

Share on Facebook Share on Twitter

Abbildung 18:
Artikel in *Verna Magazine* über Benjamin Herzog

Nach der Überschrift wird angegeben, dass dieser Artikel 2,1 Millionen Views hatte und 269.900 Mal geteilt wurde. Der Domain-Name des *Verna Magazine* wurde am 18. Juli 2018 registriert. Die Registrierungsdaten sind allerdings vor WHOIS-Abfragen verborgen. Für die verschlüsselte Kommunikation wurde ein SSL-Zertifikat des Providers *Let's Encrypt* verwendet, bei dem die Einrichtung eines Zertifikats ohne aufwendige Prüfungen – und unentgeltlich – möglich ist.

Auf Facebook findet sich ein zugehöriger Account @VernaMagazine, der seit 23. Juni 2020 existiert. Er wurde Mitte Juni 2021 von 53 Personen abonniert und hat 49 Likes erhalten. Es werden keine Kontaktdaten angegeben.

Im Team der Plattform *Verna Magazine* werden fünf Autoren aufgeführt, von denen neben Klausner weitere Autoren Artikel über junge, erfolgreiche Österreicher geschrieben haben:

- Am 11. Februar 2020 berichtet der Autor Josh Donohue über denselben Österreicher Alois Köhle, der schon von *The Open News* vorgestellt wurde. Der Artikel trägt den Titel „A Sneak Peek Into The Journey Of Alois Köhle Becoming A Top Online Marketer In Austria!" und stellt eine leichte Modifikation des Texts von *The Open News* dar. Der Artikel hat auch genau gleich viele Views und Shares wie der Artikel über Herzog.[90]
- Am 7. April 2020 berichtet der Autor Josh Donohue über den auch schon auf der Plattform *The Open News* erwähnten Österreicher namens Andreas Vezonik („Andreas Vezonik Budding Entrepreneur is shining high in Europe with Transfera and VolumeX) analog dem Text von *The Open News*. Auch dieser Artikel hat genau gleich viele Views und Shares wie der Artikel über Herzog und Köhle.[91]

Veröffentlichung 3
Datum: 26. Februar 2020
Medium: Coverage Log
(www.coveragelog.com, 26. *Februar 2020)*

Am 26. Februar 2020 berichtete der Autor Howard Cendrowski über Benjamin Herzog mit einem Text, wie er schon im *Verna Magazine* nachzulesen war.[92]

Der Autor schließt überdies auf eine große Karriere für Herzog, der als einer der „most promising leaders“ der Welt gelten würde.

After Making Multiple Investments, Austrian Entrepreneur Benjamin Herzog To Launch His Own Fashion Brand?

286 Views by Howard Cendrowski

Abbildung 19:
Artikel in *Coverage Log* über Benjamin Herzog

Vor der Überschrift wird angegeben, dass dieser Artikel 275 Views hatte.

Coverage Log wurde am 1. Oktober 2019 registriert. Die Registrierungsdaten sind allerdings vor WHOIS-Abfragen verborgen. Dazu wird das isländische Service WithheldforPrivacy verwendet.[93]

Für die verschlüsselte Kommunikation wurde ein SSL-Zertifikat des Providers *Let's Encrypt* verwendet, bei dem die Einrichtung eines Zertifikats ohne aufwendige Prüfungen - und unentgeltlich - möglich ist.

Als Kontaktadresse wird eine indische Firma angeführt.

Veröffentlichungen 4 und 5:
Datum: 6. März 2020 und 12. April 2020
Medium: Broadcast Cover (www.broadcastcover.com)

Am 16. März 2020 berichtete die Autorin Gloria Ronheimer über Benjamin Herzog mit einem Text, wie er schon in den vorhin erwähnten Plattformen nachzulesen war.[94]

Überdies wird angemerkt, dass Herzog einer der jüngsten und erfolgreichsten Unternehmer in Europa sei.

Benjamin Herzog Sets His Throne In The Entrepreneurial World At A Very Young Age Of 23

Abbildung 20: Artikel 1 in „Broadcast Cover" über Benjamin Herzog

Am 12. April 2020 erscheint ein weiterer Artikel in *Broadcast Cover*, diesmal vom Autor Greg Mulligan. Der Autor zitiert – zusätzlich zu den bekannten Inhalten – Benjamin Herzog mit den Worten:

> *„Business has taught me one simple rule. Higher the risk, higher the profits. Take calculated risks to make the right investments."*[95]

Broadcast Cover wurde am 1. Oktober 2019 registriert. Die Registrierungsdaten sind allerdings vor WHOIS-Abfragen verborgen. Dazu wird das isländische Service *WithheldforPrivacy* verwendet.[96]

Für die verschlüsselte Kommunikation wurde ein SSL-Zertifikat des Providers *Let's Encrypt* verwendet, bei dem die Einrichtung eines Zertifikats ohne aufwendige Prüfungen – und unentgeltlich – möglich ist.

Als Kontaktadresse wird eine indische Firma angeführt.

Die Spur verliert sich

Neben den aufgeführten Artikeln sind noch ähnliche Texte auf Webseiten wie *American Daily Post, The American Reporter, News Headline USA* und *Entertainment Paper* erschienen. Alle diese Seiten basieren auf billigen Wordpress-Templates.

Die vielen Berichte tragen dazu bei, die Spur des Gründers von EXW zu verwässern. Das gesamte Unterfangen scheint auf andere Personen übergegangen zu sein, die wiederum neue Personen im Top-Management installierten.

Wie es um die Einzahlungen der Kunden bestellt ist, ist äußerst schwer zu sagen. Am 5. August 2021 war im „offiziellen" Telegram-Kanal der Plattform „EXW Official" zu lesen, dass über 2.500 Mitglieder die „XChange World Community" verlassen würden und man ihnen bis 30. September 2021 ihre Guthaben auszahlen werde. Da aber mehr Mitglieder als geplant ausstiegen, müsse man jeden Fall manuell kalkulieren, und das würde viel Zeit in Anspruch nehmen. Das klingt nicht besonders einleuchtend und könnte eher auf eine Vertröstungstaktik hindeuten.

Für die Kunden der Plattform setzt sich das bange Warten fort, ob die technischen Probleme tatsächlich behoben sind und sie dann ihr investiertes Geld zurückbekommen werden. An Boni, Zinsen oder gar Luxusautos ist in dieser Situation nicht zu denken. Auch wenn das noch immer auf der Webseite von EXW World angepriesen wird.

– 7 –

Die Verbrechen der Krypto-Queen

Ein sonniger Tag an der Schweizer Grenze zu Italien: Ein Luxusauto windet sich die engen Serpentinen zu einem kleinen Bergdorf hinauf. Der Chauffeur hält vor der Filiale einer Privatbank, die sich so gut in die ländliche Idylle einfügt, dass man glauben könnte, darin sei eine Touristen-Informationsstelle untergebracht. Aus dem Fahrzeug steigt Ruja Ignatova, eine attraktive Frau Mitte 40. Sie trägt eine dunkle Sonnenbrille, eine teure Perlenkette und eine edle lederne Umhängetasche. Am Eingang der Bank identifiziert sie sich mit einem Strichcode an einem Scanner und geht weiter in die Tresoranlage. Nach Eingabe einer persönlichen Nummer und eines PIN-Codes öffnet sich ein Schließfach, dessen Inhalt sie in die Umhängetasche steckt: Diamanten, Namensaktien, Hardware-↗Wallets voll mit Kryptogeld. Sie schließt das leere Fach hinter sich ab und geht die wenigen Stufen hinauf zum Bankeingang. Als sie zurück ins strahlende Sonnenlicht kommt, überwältigt sie ein Sondereinsatzkommando der Polizei und legt ihr Handschellen an. Die Flucht ist zu Ende. Die Gier der vermeintlichen Krypto-Queen hat sie am Ende in die Fänge der Behörden getrieben.

Diese kleine Geschichte ist nur Fiktion. Allerdings warten viele Menschen sehnsüchtig auf den Tag, an dem die wahren Hintergründe für den Aufstieg und Fall, das Auftauchen und Abtauchen der berüchtigten Betrügerin Ruja Ignatova bekannt werden und sie gefasst und für ihre Taten verurteilt wird. Die bulgarisch-deutsche Geschäftsfrau hat hunderttausende Menschen um ihr Geld gebracht und gemäß den US-Behörden mehr als 4 Milliarden Euro veruntreut. Wo sie ist, weiß niemand, und das schon seit Oktober 2017.

Wie alles begann

Nach dem Aufkommen von Bitcoin entwickelten sich schnell andere Kryptowährungen, die den Ruf hatten, ihren Erfindern viel Geld zu bescheren. Mit Gedanken über eine solche neue Masche des Glücks trug sich auch die in Bulgarien gebürtige und später in Deutschland aufgewachsene Ruja Ignatova, nachdem sie im Allgäu eine veritable Pleite hingelegt hatte. Gemeinsam mit ihrem Vater hatte sie 2010 ein Gusswerk in Waltenhofen erworben, das zuvor Insolvenz angemeldet hatte. Den Mitarbeitern gaukelte sie großartige Pläne und rosige Zukunftsaussichten vor. Im Hintergrund lief ihr Geschäftsmodell aber darauf hinaus, dass sie wertvolle Maschinen und Produktionsanlagen abtransportieren ließ und die Firma regelrecht aushöhlte.

Im Jahr 2012 verkaufte die Familie Ignatov das Stahlwerk ohne großes Aufsehen an eine Firma, hinter der offenbar einer ihrer Strohmänner steckte. Wenige Tage danach meldete dieser erneut Insolvenz an – und die 160 Mitarbeiter verloren ihren Arbeitsplatz. Das Amtsgericht Augsburg verurteilte die bis dahin unbescholtene Dr. Ruja Ignatova zu einer Bewährungsstrafe von 14 Monaten – vor allem wegen Betrugs und Insolvenzverschleppung. In der Zwischenzeit hatte sie sich aber schon ein ganz anderes, viel profitträchtigeres Geschäft aufgebaut. Im Jahr 2014 kreierte sie mit einer kleinen Gruppe von Kriminellen die Fake-Kryptowährung OneCoin und begann dafür auf der ganzen Welt zu werben.

Abbildung 21:
Das Logo der Fake-Kryptowährung OneCoin

Diese neue Währung würde in Form von 120 Milliarden Token ausgegeben und auf einem Handelsplatz namens xcoinx gehandelt werden, so das Versprechen. In Wirklichkeit gab es nicht viel mehr als einen Datenbankserver, in dem die Kundendaten gespeichert waren, und einen Webserver, der in der OneCoin-Zentrale in Sofia betrieben wurde und vielsprachige Werbebotschaften aussendete. Der Grundtenor dieser Nachrichten lautete: Jeder der 120 Milliarden Token oder Coins sei zu Beginn 45 Cent wert und würde bald auf ungefähr 27 Euro steigen, auf das 60-Fache des Ausgangswerts. Eine solche Steigerung erschien damals vielen Anlegern nicht unwahrscheinlich. Der Kurs von Bitcoin war in den Jahren 2010 bis 2013 jedes Jahr stark angestiegen – allein von 2012 auf 2013 um das Dreifache (der Kurs stand am Jahresende bei 10,88 Euro). Und OneCoin sollte gemäß den Versprechen von Ruja Ignatova noch viel besser als Bitcoin sein, da man angeblich über eine unglaublich tolle neue Blockchain-Technologie verfügte und so mit der Zeit Bitcoin den Rang als weltweit führende Kryptowährung ablaufen könnte. In Werbevideos wurde von Beginn an mit dem Hashtag *#MillionairesUnited* suggeriert, dass jeder Investor damit ein Vermögen erwirtschaften könne.[97]

Abbildung 22:
Präsentation des OneCoin-Handelsplatzes xcoinx (2016)

Wie viele andere dubiose Strukturvertriebe setzte die OneCoin-Organisation auf pompöse Veranstaltungen und Gespräche in vorgeblich exklusiven Zirkeln, bei denen Informationsmaterial und Kurse über den Handel mit Kryptowährungen verkauft wurden. Diese „Packages" kosteten zwischen 100 und 100.000 Euro und enthielten angebliche Token, mit denen im Namen des Kunden das Mining in der geheimnisvollen Blockchain in der OneCoin-Zentrale durchgeführt wurde.

Eine der größten Veranstaltungen, genannt *Coinrush*, fand am 11. Juni 2016 im Londoner Wembley-Stadion statt. Dabei gab Ruja Ignatova die Devise aus: Man habe jetzt schon fast 2 Millionen Kunden und sei die am schnellsten wachsende Kryptowährung der Welt. In zwei Jahren sollten 10 Millionen Kunden erreicht werden und eine Million Händler OneCoin als Zahlungsmittel akzeptieren.

Abbildung 23:
Ruja Ignatova beim CoinRush im Wembley-Stadion (2016)

Einen wesentlichen Faktor in den Anwerbegesprächen stellten hohe Vermittlungsgebühren dar, die an die Vertriebler für neue Mitglieder bezahlt wurden, die wiederum andere Mitglieder für den Kauf solcher Pakete warben. Auch diese Gebühren wurden zu einem großen Teil in OneCoin „ausgezahlt", nur zu einem kleinen Teil wurden sie in Euro einem Konto zugebucht, das für den jeweiligen Teilnehmerwerber angelegt wurde. Die Guthaben auf diesen Konten konnten in den meisten Fällen von den Mitarbeitern nicht behoben werden.

Hier kam ein beinharter Pyramidenspieltrick zur Anwendung: Gerade Menschen, die viel Geld in OneCoin investiert hatten, glaubten daran, dass der Wert ihrer Coins immer weiter im Steigen begriffen war, da aus der Unternehmenszentrale laufend höhere Kurse gemeldet wurden. Und so griff auch die Empfehlungsstrategie, weil gerade damit zusätzlich zur Kurssteigerung der eigenen OneCoins noch mehr Geld aus der Vermittlung hinzukam. Rein theoretisch.

Wenn es negative Presseberichte oder Anschuldigungen seitens der Kapitalmarktaufsichtsorgane verschiedener Länder gab, reagierte die OneCoin-Gruppe immer mit der gleichen Masche, wie der Geschäftsführer der Kryptowährungs-Aufklärungswebseite Cointelligence, On Yavin erklärte:

> *„Sie überzeugten die Investoren, dass all diese Warnungen ‚Hassnachrichten' seien, und schufen damit eine Mentalität des Zusammenhalts, in der es hieß: Wir Investoren gegen die anderen."*[98]

Yavin beschuldigte die britische Aufsichtsbehörde FSC, viel zu wenig gegen den drohenden Verlust ihres Investments unternommen zu haben, da die Behörde erst sehr spät eine Warnung gegen OneCoin auf ihre Webseite stellte und diese dann wieder ohne erkennbaren Grund löschte. Vermutungen gehen in die Richtung, dass OneCoin durch professionelles Lobbying die FSC dazu brachte, diese Warnung zu entfernen.

Über die Jahre wurde der Druck auf die OneCoin-Betreiber immer größer, die enormen Vermögenswerte in reales Geld umtauschen zu lassen. Die Kunden wurden eine halbe Ewigkeit hingehalten, bis für den Herbst 2017 in Lissabon die Vorstellung der neuen Handelsplattform DealShaker anberaumt wurde. Zwei Wochen vor dieser Veranstaltung verschwand sie in Athen. Um ihr Verschwinden ranken sich wilde Gerüchte – um hier nur einige zu nennen:

- Ruja Ignatova habe mit der Drogenmafia am Balkan zusammengearbeitet und sei in Geiselhaft genommen worden, weil sie deren Geld veruntreut habe.
- Ruja Ignatova sei geflohen und hätte durch kosmetische Operationen inzwischen eine ganz neue Identität annehmen können.
- Ruja Ignatova lebe in der Nähe von Frankfurt, wo sie für ihr Kind sorge, das sie mit einem deutschen Geschäftsmann hat.
- Ihr Freund habe Ruja Ignatova den amerikanischen Behörden ans Messer geliefert, und sie sei vor diesen nach Dubai geflohen, wo sie in den Jahren zuvor Vermögenswerte geparkt hatte.[99]

Diese Spur nach Dubai ist auch der Auslöser für eine Anzeige beim höchsten Gericht der kleinen britischen Insel Diego Garcia im Indischen Ozean, auf der die Webseite der OneCoin-Organisation registriert war.

Ein Gerichtsfall in Diego Garcia

Das British Indian Ocean Territory ist vor allem dafür bekannt, dass die britische Regierung dort die Absiedelung von Ureinwohnern erzwungen hat, um die Hauptinsel Diego Garcia über Jahrzehnte an die USA zu vermieten. Diese nutzen sie als „lebenden Flugzeugträger" für die B52-Tarnkappenbomber und fliegen von dort Einsätze nach Asien und in den Nahen Osten.

Weniger bekannt ist, dass die „BIOT" genannte Inselgruppe auch über eine eigene Internet-Domain verfügt und ein gutes Geschäft mit der Endung .io macht. Genauer gesagt macht dieses Geschäft eine Firma, die von der Internet-Domain-Verwaltungsagentur IANA als Agent für die Vermittlung der Domainnamen mit dieser Endung ausgewählt wurde. Diese heißt Internet Computer Bureau Ltd. (ICB) und gehört zum amerikanischen Registrierungsdienst Afilias. Inzwischen ist die Endung .io sehr populär und generiert große Profite für die Eigentümer des Registrierungsdienstes, während die Besitzverhältnisse der Insel Diego Garcia und die erzwungene Absiedelung der Ureinwohner durch die Briten sehr umstritten sind.

Der britische Rechtsanwalt Jonathan Levy wendete sich an die britischen Behörden, die als Kolonialmacht für das British Indian Ocean Territory zuständig ist, und brachte beim Obersten Gerichtshof des BIOT eine Klage ein. Aus dieser geht hervor, dass die Krypto-Queen Ruja Ignatova offenbar kein sehr großes Vertrauen in ihre eigene Währung hatte: Im Jahr 2015 schon habe ihr ein Mitglied der königlichen Familie der Vereinigten Arabischen Emirate in Dubai USB-Sticks übergeben, die Krypto-Wallets gefüllt mit 230.000 Bitcoins enthielten.[100] Am bisherigen Höhepunkt der Bitcoin-Währung hatte Ignatova damit 18 Milliarden Euro zur Verfügung gehabt, um ihr Versteckspiel und das neue Leben zu finanzieren. Das sollte schon für einige Zeit reichen, wenn nicht andere ihr die Beute wieder abnehmen.

In der Beschreibung der Klage, in der Schäden für die Mandanten des Anwalts im Ausmaß von 53 Millionen Euro angegeben werden, kommen einige Umstände ans Tageslicht, die höchst eigenartig erscheinen:[101]

Im Oktober 2015 verkauften zwei panamaische Staatsbürger als Vertretungsbefugte die in den Vereinigten Arabischen Emiraten registrierte OneCoin Company Limited an Scheich Saud bin Faisal Al Qassimi. Dieser Verkauf wurde offiziell nicht bekannt. OneCoin arbeitete weiter mit dem bis dahin bekannten Management-Team und betrieb die Webseite onecoinico.io, die bei der Firma Internet Computer Bureau (mit einer Postdresse in Diego Garcia) am 21. September 2017 registriert wurde. Auf dieser Webseite wurde bis April 2019 Werbung für OneCoin gemacht.

Der Mastermind hinter OneCoin, Ruja Ignatova, hatte schon im September 2016 eine Vertretungsvollmacht zugunsten von Scheich Saud bin Faisal Al Qassimi aus den Vereinigten Arabischen Emiraten unterschrieben, die von Rechtsanwalt Levy vorgelegt wurde. Scheich Saud wiederum ist der Generalsekretär der Organisation Intergovernmental Collaborative Action Fund for Excellence (ICAFE), der für Ignatova eine diplomatische Identifikationskarte ausstellte.

Abbildung 24: Diplomatische Identifikationskarte für Ruja Ignatova

Die Klage, deren Ausgang völlig offen ist, zeigt, wie vielschichtig dieser Fall ist und an welch exotischen Orten Ignatova und Konsorten ihre Firmen und Niederlassungen aufgebaut haben.

Die Opfer von OneCoin in der Südsee

Weit verzweigt ist auch das Netzwerk der Opfer von OneCoin. Es reicht von Europa über Afrika und Asien bis auf die Südseeinsel Samoa. Dort scheint es ein bisschen, als sei die Zeit stehengeblieben. Die ehemals deutsche Kolonie in Polynesien hat in den letzten Jahrzehnten seit der Unabhängigkeit mit Ausnahme der tollen Rugby-Mannschaft wenig internationale Schlagzeilen gemacht. Wenn man die Insel besucht, wird einem schnell klar, dass die Menschen dort sehr gläubig sind: In jedem noch so kleinen Dorf des 200.000-Einwohner-Staates befindet sich zumindest eine katholische Kirche, deren Pflege eine Gemeinschaftsarbeit der Dorfbewohner ist. Jeden Sonntag gehen die Menschen ganz in Weiß gekleidet in das Gotteshaus und verbringen fast den ganzen Tag dort. Es wird gebetet, gegessen, und bei der Wandlung von Brot und Wein in den Leib und das Blut Christi wird Wein durch Kokoswasser ersetzt. So gut wurden die Rituale der Religionen in die lokale Kultur integriert. Aber nicht nur die Katholiken, die in der Hauptstadt Apia eine große Kathedrale haben, sind in Samoa, sondern auch viele kleinere Religionen. Die Zeugen Jehovas verteilen den *Wachtturm* in samoanischer Sprache, die Bahai haben einen ihrer weltweit zehn Tempel an einen Hügel der Hauptstadt gebaut, und auch die Siebenten-Tags-Adventisten haben eine eigene Mission, von der aus sie Gläubige in Samoa und der noch kleineren Insel Tokelau betreuen. Bei ihnen handelt es sich um eine protestantische Kirche, die Samoa Independent Seven Days Adventist Church (SISDAC), die den Samstag als heiligen Tag sieht und von einer baldigen Wiederkehr von Jesus Christus ausgeht. Eine andere kleine Religionsgruppe firmiert als Samoa Worship Centre (SWC).

Über ebendiese religiösen Gruppen gelang es dem OneCoin-Netzwerk, in Samoa Fuß zu fassen. Viele Inselbewohner sind nämlich nicht nur gläubig, sondern überdies wirklich allzu gutgläubig. Gerade wenn ihnen vonseiten einer Kirche suggeriert wird, dass sie gewinnbringend Geld anlegen können und dies noch einem guten Zweck dient, ist es sehr einfach, sie zu überzeugen. Womit die Menschen aber nicht rechneten, war aber, dass das OneCoin-Netzwerk Priester und Führungskräfte ihrer Kirchen zu Mittelsmännern machte. Diese im OneCoin-Jargon als *Independent Marketing Associates* (IMA) bezeichneten Vermittler lukrierten eine Vermittlungsprovision und waren daher bestrebt, ihren Kunden nicht die Wahrheit über den Niedergang des OneCoin-Netzwerks zu gestehen. Einer der Führer des Samoa Worship Centre sagte in einem Interview mit dem *Samoa Observer*, das nach dem Verschwinden von Ruja Ignatova geführt wurde, dass man noch immer auf die Plattform warte, mit der OneCoins endlich in ↗Fiat-Geld umgetauscht werden können.[102] Dieses Warten auf einen erfolgreichen digitalen Börsengang (ICO) wird heute noch von einigen kriminellen Vermittlern versprochen, die bis ins Jahr 2021 hinein OneCoin-Pakete anbieten.

OneCoin heute

„Join the financial revolution!"

Mit diesen Worten wirbt der Telegram-Kanal *Global ONE Ecosystem* zum Jahresbeginn 2021 für seine Angebote. Darunter befinden sich vor allem kostenpflichtige Webinare über Blockchain-Technologie und teure Vor-Ort-Veranstaltungen in Bulgarien. Außerdem überrascht die Werbung für einen Handelsplatz namens DealShaker, in dem die Kryptowährung OneCoin noch immer eine zentrale Rolle spielt. Diese Plattform wirkt etwas unaufgeräumt und bietet offenbar recht zufällig zusammengewürfelte Produkte an, die in vielen Sprachen angepriesen werden. So kann man für 5.736 OneCoins (zum Kurs von 42,33 Euro) einen Smaragd aus Kolumbien kaufen, und sich damit - laut Werbung - ein Vermögen, nämlich 26.982 Euro ersparen.[103]

Aber war da nicht was? Wie kann es sein, dass nach einem Betrugsskandal, bei dem einige Milliarden Euro verschwunden sind, ein Teil der kriminellen Struktur einfach weitermacht, als wäre nichts gewesen? Amerikanische Gerichte arbeiten mit Hochdruck an der Verurteilung der Krypto-Queen und ihrer kriminellen Bande und haben dabei festgestellt, dass es auch Berührungspunkte zur organisierten Kriminalität und dem dubiosen deutschen Wirecard-Konzern gab, wie später in diesem Buch noch ausgeführt wird. In den europäischen Ländern kommen die Gerichtsverfahren nur schleppend voran.

Arm dran sind die Menschen, die noch immer nicht wissen oder wahrhaben wollen, dass das Pyramidenspiel zu Ende ist, und sogar jetzt noch in OneCoin, diese scheinbare „Währung“, investieren. Sie müssen damit rechnen, dass ihr gesamter Einsatz verloren geht. Kriminelle im Umfeld von OneCoin sind skrupellos und bereichern sich weiterhin an den Ärmsten der Gesellschaft, um sich ihr abartiges Luxusleben mit *bösem Geld* zu finanzieren.

– 8 –

Zahlungsverkehr – Geld in Bewegung

Im Februar 1871 ahnte bei der Western Union Telegraph Company niemand, dass die Firma eine weltweite Revolution auslösen würde: Mit ihren Telegraphen wurde die erste telegraphische Geldüberweisung zwischen New York, Chicago und Boston durchgeführt.[104] Seit der industriellen Revolution und der Einführung neuer, schnellerer Kommunikationstechnologien wurde die ganze Welt von einem Netzwerk von Sende- und Empfängerstationen für Geldüberweisungen überzogen. Nach dem Ende des Ersten Weltkriegs wurde auf Basis von Telex und später Telefax die Verarbeitung der Transaktionen automatisiert, ohne dass zu dieser Zeit Computer existierten. Mit dem Aufkommen der Computertechnologie und vor allem rund um die Großrechner der inzwischen nicht mehr existenten britischen Firma ICL entstand 1968 in London mit dem *Bankers Clearing House* (später ↗BACS – *Banker's Automated Clearing System*) eine Einrichtung, die sich mit der automationsunterstützten Verarbeitung von Zahlungen beschäftigte. Die USA folgten mit dem ↗*Automated Clearing House*, das 1972 von der *National Bank of San Francisco* betrieben wurde.

In den 1970er Jahren wurde das ↗SWIFT-Netzwerk gegründet, in dem sich 239 Banken in 15 Ländern zu einem Kommunikationsverbund zusammenschlossen, der auf Basis eines einheitlichen Protokolls in einem Rechnerverbund kommuniziert. Transaktionen, die seit 1977 über dieses Netzwerk gehen, werden als SWIFT-Nachrichten bezeichnet. Die Zusammenarbeit der wichtigsten 11.000 Finanzinstitute der Welt basiert auf der Teilnahme an diesem Netzwerk, das aus drei großen Rechenzentren in den USA, den Niederlanden und der Schweiz heraus operiert. Das SWIFT-Netzwerk ist bis heute die Basisinfrastruktur für die weltweiten Geldströme und immer wieder Gegenstand von Cyberattacken wie beispielsweise im Jahr 2016, als Hacker Schwachstellen in Systemen von Banken in Bangladesch ausnutzten, um Überweisungen von der dortigen Zentralbank über eine Milliarde US-Dollar einzuleiten und davon wiederum 80 Millionen Dollar abzuzweigen.

Ein Jahr später wurde die russische Globexbank, eine Tochter der riesigen Import-Export-Bank Wneschekonombank (VED) Opfer eines Cyber-Angriffs, der einer Hacker-Gruppe namens Cobalt zugeschrieben wurde und zum Abfluss von mehr als einer Million Dollar über das SWIFT-Netzwerk führte.[105] In Russland wurde dieser Angriff genutzt, um die schon lange währende Diskussion über ein eigenes Zahlungsverkehrssystem für Russland und befreundete Staaten zu schaffen. Dieses System sollte vom SWIFT-System völlig getrennt sein und nur über sichere Schnittstellen Daten mit diesem austauschen. Das eigentliche Motiv für die Diskussion stellte allerdings die Drohung der USA im Jahr 2014 dar, Russland am Rande der Ukraine-Krise vom SWIFT-System abzukoppeln. Die russische Zentralbank hat inzwischen mit ↗SPFS ihr Pendant zum SWIFT-Netzwerk geschaffen, an das über 400 Banken in Russland, Belarus und Kasachstan angeschlossen sind.[106] Das System hat sich aber nie richtig durchgesetzt.

Überdies entstand auch im benachbarten China mit ↗CIPS ein alternatives System zu SWIFT, das seine Grundlage darin hat, dass Überweisungen in der staatlichen Währung Yuan im SWIFT-System Probleme machen. Inzwischen wurden das chinesische und das russische System verbunden, und in Russland werden ca. 20 Prozent der Transaktionen auf Basis des neuen SPFS-Systems abgewickelt. Auch der Iran, der ebenfalls mit

US-Sanktionen kämpft, hat sein SEPAM-System mit dem russischen System verbunden. Das iranische Medium *Iranwire*, das den alternativen Zugang des Iran über das russische Service beleuchtet hat, kommt aber zum Schluss, dass die Entwicklung erst in den Kinderschuhen steckt:

> *„Derzeit verwenden mehr als 11.000 Banken und Finanzdienstleister aus mehr als 200 Ländern SWIFT. Über 8 Milliarden Transaktionsnachrichten werden jedes Jahr in diesem System versandt. Das Volumen der Finanztransaktionen betrug im letzten Jahr 77 Trillionen US-Dollar.*
> *Die Situation des russischen Service ist ganz anders. Im Jahr 2018 betrug die Zahl der Transaktionsnachrichten 5 Millionen. In anderen Worten: Die totale Jahresnutzung beträgt weniger als ein Viertel der SWIFT-Nutzung pro Tag."*[107]

– 8.1. –

Kreditkarten

Kreditkarten benötigten viele Jahrzehnte, um sich als Zahlungsmittel zu etablieren. Während Western Union schon in den 1920er Jahren Karten aus Metall an besonders gute Industriekunden ausgab, die ihre ersten Zahlungsverkehrsleistungen benutzten, entstand mit der Diners-Club-Karte im Jahr 1950 die erste Karte, die die Bezeichnung „Kredit"-Karte wirklich verdiente. Die Geschichte dahinter war, dass der amerikanische Geschäftsmann Frank McNamara in einem Restaurant mangels Bargeld nicht bezahlen konnte und seine Visitenkarte hinterließ, um mit seinem guten Namen zu bürgen und später die Rechnung zu begleichen. Er gründete im Jahr 1950 gemeinsam mit drei Geschäftspartnern das erste Unternehmen der Welt, das für solche Fälle eine „Kreditkarte" herausgab, die in 27 Restaurants akzeptiert wurde. Mit dem Beitritt des Millionärs Alfred Bloomingdale zu diesem elitären Club, der zu Beginn nur 200 Mitglieder hatte, stiegt die Akzeptanz, und am Ende des Jahres 1950 verzeichnete man schon 20.000 Nutzer, Ende des Jahres 1951 waren es bereits 42.000. Mit diesen Karten konnten allerdings nur an bestimmten Stellen Zahlungen verrechnet werden, und es gab keinen wirklichen Kredit für die Kunden. Die Kreditkartenrechnung musste an jedem Monatsende beglichen werden.

Die erste richtige Kreditkarte wurde im September 1958 in einem Pilotversuch als „BankAmericard" an alle Kunden der *Bank of America* in der kalifornischen Stadt Fresno gesandt. Die Stadt hatte damals 250.000 Einwohner, die überwiegend Kunden der Bank waren. So besaß man von vornherein eine

Kundenbasis, die mit fast 300 Interessenten als Händlern für Kreditkartentransaktionen verbunden werden konnte. Die Händler bezahlten 6 Prozent Gebühren pro Transaktion, und die Kunden erhielten von der Bank einen Überziehungsrahmen zwischen 300 und 500 US-Dollar. Die neue Zahlungsform stieß auf große Akzeptanz, sodass in einem Jahr schon 2 Millionen Kreditkarten an Kunden in ganz Kalifornien ausgegeben wurden, die damit bei 20.000 Händlern einkaufen konnten. Obwohl die Anfänge schwierig waren, weil viele Kunden ihre Schulden nicht bezahlen konnten und die hohen Transaktionsgebühren den Händlern zu schaffen machten, setzte sich das System durch. Im Jahr 1970 wurde die BankAmericard von einem großen amerikanischen Bankenkonsortium ins Leben gerufen und 1976 in „Visa“ umbenannt.[108]

Das zweite große Konsortium bildete Mastercharge, das später in Mastercard umbenannt wurde. Vier Kreditkartenanbieter dominieren heute den Weltmarkt. In Deutschland führt Mastercard mit einem Marktanteil von 45 Prozent knapp vor Visa mit 44 Prozent, American Express mit 7,5 Prozent, Barclaycard mit 2,8 Prozent und Diners Club mit einem Prozent Marktanteil (2019).

Jahr	2007	2018	2019	Veränderung zum Vorjahr
Anzahl der Kreditkarten	22,2 Mio.	35,8 Mio.	39 Mio.	8,8 %
Gesamtumsatz Kreditkarten	39,4 Mrd. €	108,3 Mrd. €	118,6 Mrd. €	9,5 %
Anzahl an Transaktionen	437 Mio.	1,39 Mrd.	1,58 Mrd.	14 %
Durchschnitts-Umsatz pro Transaktion	90 €	78 €	75 €	-3,85 %

Tabelle: Entwicklung des Kreditkartenmarkts in Deutschland (2007-2019)[109]

„Echte" Kreditkarten (mit einer Teilzahlungsfunktion) haben allerdings nur einen kleineren Anteil am Markt der bargeldlosen Zahlungen in den deutschsprachigen Ländern, da dieser durch sogenannte ↗Debitkarten dominiert wird, die keine Kreditfunktion haben. Bei Zahlungen mit diesen Karten wird der Betrag sofort vom Konto abgebucht. In Deutschland gab es im Jahr 2019 31,5 Millionen Kreditkarten ohne Kreditfunktion und 5,7 Millionen echte Kreditkarten. Insgesamt wurden im Jahr 2019 in Deutschland Zahlungen über fast 120 Milliarden Euro über Kreditkarten abgewickelt. ↗„Prepaid-Debitkarten" sind eine Spezialform, bei der ein Guthaben auf die Karten einmalig oder wiederholt aufgeladen wird, das dem Kartenbenutzer dann zur Verfügung steht. Solche Karten spielen eine außerordentlich wichtige Rolle bei der Wirecard-Bank, die diese Art von Kreditkarten offenbar für zweifelhafte Kunden und Geheimdienste ausstellte, ohne dass die gesetzlich vorgeschriebenen Mechanismen der Identifikation von Kunden und Geschäftspartnern in geeigneter Form durchgeführt wurde.

– 8.2. –

Zahlungsverkehrs-dienstleister

In Deutschland gibt laut Informationen von der Deutschen Bundesbank über 1.500 Zahlungsverkehrsdienstleister. Die meisten davon sind Kreditinstitute. Neben der Abwicklung von Kreditkarten gibt es viele verschiedene Ausprägungen des bargeldlosen Zahlungsverkehrs:

- Elektronische Lastschriften
- Sofortüberweisungen
- Vorkasse
- Rechnungskauf
- Ratenkauf

In all diesen Bereichen müssen die Kunden laufend beobachtet und überprüft werden - auch hinsichtlich ihrer Bonität. Dabei ist es nicht nur wichtig, abgehende Zahlungen zu validieren, sondern auch eingehende Gelder nur anzunehmen, wenn keine ↗Compliance-Bestimmungen dagegensprechen. Die verschiedenen Möglichkeiten des Zahlungsverkehrs müssen in die Abwicklungssysteme der Kunden der Dienstleister so integriert sein, dass es bei Zahlungen eine einfache Möglichkeit gibt, die Zahlungsart auszuwählen.

Der weltweite Markt der Zahlungsverkehrsdienstleister wird von riesigen amerikanischen Firmen dominiert:

Name	Firmensitz	Mit-arbeiter	Umsatz 2019	Händler
FiServ / First Data	USA	24.000	12,5 Mrd. Euro	6 Millionen
FIS / Worldpay	USA	47.000	10 Mrd. USD / 9 Mrd.	1 Million
Global Payments	USA	11.000	7,4 Mrd. USD	3,5 Millionen
vergleichsweise:				
Wirecard	Deutschland	5.154	2,8 Mrd. Euro	300.000

Ein Blick auf das Angebot des niederländischen Zahlungsverkehrsdienstleisters Adyen illustriert das Portfolio derartiger Firmen: Adyen offeriert eine Plattform, um globale Zahlungen zu vereinfachen und zu beschleunigen und konzentriert sich auf die Schaffung einer modernen Payment-Infrastruktur, die direkt an große Kartennetze und lokale Zahlungsmethoden auf der ganzen Welt angebunden ist, mit dem Ziel, Händlern auf der ganzen Welt einen einheitlichen Handel zu ermöglichen und ihnen detaillierte Dateneinblicke über alle Verkaufskanäle zu ermöglichen. Durch die Adyen-Plattform erhalten Unternehmen die Möglichkeit, über ein einheitliches System Zahlungen sowohl online, mobil als auch am ↗Point of Sale (POS) entgegenzunehmen. Die Firma verarbeitet ein Transaktionsvolumen von über 100 Milliarden Euro im Jahr und ist an 24 Standorten weltweit präsent.

Grundsätzlich gilt im Zahlungsverkehr, dass die Gebühren nicht von den Konsumenten bezahlt werden, sondern von den Händlern und Shops, die an den Zahlungsverkehrsdienstleister angeschlossen sind. Die Transaktionspreise unterscheiden sich stark – je nach Zahlungsart:

Zahlungsart	**Land des Käufers**	**Bearbeitungsgebühr**	**Gebühr der Zahlungsmethode**
Amazon Pay	EU	0,10 Euro	-
American Express	Global	0,10 Euro	3,95 %
Apple Pay	Global	0,10 Euro	Je nach Karte
Diners Club	Global	0,10 Euro	3,95 %
Online-Überweisung (EPS)	Österreich	0,10 Euro	1,3 % + 0,2 Euro
SEPA-Lastschrift	Europa	0,10 Euro	0,25 %
Giropay	Deutschland	0,10 Euro	1,3 % + 0,2 Euro
Girocard	Deutschland	0,10 Euro	0,18 % Interchange + 0,01 Euro SEPA Card Clearing (SCC) + Acquirer Aufschlag
Maestro	Global	0,10 Euro	Interchange ++
Mastercard	Global	0,10 Euro	Interchange ++ (Durchschnitt 0,9–1,1 %)
Visa	Global	0,10 Euro	Interchange ++ (Durchschnitt 0,9–1,1 %)
Paysafecard	Global	0,10 Euro	10–12 %

Tabelle: Gebühren bei Adyen (Auswahl)[110]

Am Weltmarkt tummeln sich hunderte Anbieter, unter denen Paypal eine wesentliche Stellung als ältester und größter Bezahldienst einnimmt.[111] Die Firma notiert an der US-Börse

Nasdaq und setzt sich schon seit jeher für die „Demokratisierung von Finanzdienstleistungen“ ein, damit Menschen und Unternehmen die Möglichkeit bekommen, an der globalen Wirtschaft teilzunehmen und erfolgreich zu sein - basierend auf der Idee, dass der Zugang zu Finanzdienstleistungen Chancen schafft. Paypal hat über 300 Millionen aktive Kunden und die Plattform (inklusive Braintree, Venmo und Xoom) steht in 200 Märkten weltweit zur Verfügung. Verbraucher und Händler können Geld in mehr als 100 Währungen empfangen, Geld in 56 Währungen auf ihr Konto senden und in 25 Währungen Guthaben auf ihrem Paypal-Konto halten. Dabei ist das Handling von Paypal denkbar einfach: Für die Registrierung reicht die Angabe einer E-Mail-Adresse, von Personendaten und einer Kontonummer.

Ein neuer wichtiger Anbieter ist Stripe, der mit dem Slogan „Mit uns zahlt das Internet“ wirbt. Unternehmen aller Größen - Startups wie Großunternehmen - setzen auf die moderne Software von Stripe, um Zahlungen anzunehmen, Geld zu senden und ihre Geschäftsabläufe online zu verwalten. Das 2011 gegründete Unternehmen beschäftigt 2.500 Mitarbeiter und hat neben seinem Hauptsitz in San Francisco weitere Standorte in Dublin, London, Paris, Singapur, Tokio und anderen Städten.[112] Stripe ist eines der wertvollsten nicht an der Börse notierten Unternehmen im Silicon Valley und wird mit fast 100 Milliarden Euro bewertet. Mit einem Börsengang ist im Jahr 2022 zu rechnen.

Eine weitere wichtige Firma ist der in Atlanta beheimatete Anbieter Elavon, der „Zahlungsverkehrlösungen für unbegrenzte Möglichkeiten“ anbietet, und das für 2 Millionen Kunden in 30 Ländern. Die Firma Elavon befindet sich mit 6,6 Milliarden Transaktionen im Jahr 2020 unter den Top 5 der wichtigsten Zahlungsverkehrsdienstleister weltweit und hat für das Europageschäft die irische Sage Pay gekauft.[113]

Name	**Gründungsjahr**	**Heimatland**
SecurePay	1999	Australien
Boleto bancário	1993	Brasilien
Alipay	2004	China
TenPay	2005	China
Ping++	2014	China
CashU	2002	Dubai
Realex Payments	2000	Irland
BlueSnap	2002	Israel
GMO Payment Gateway	1995	Japan
MOLPay	2011	Malaysia
PayU	2002	Niederlande
WebMoney	1998	Russland
OneCard	2004	Saudi-Arabien
Amazon Pay / partnership with Worldpay	2007	USA
Authorize.Net	1996	USA
CCBill	1998	USA

Eigentümer	Anmerkungen
OLB Group	Unterstützt auch Kryptowährungen
Brasilianische Bankenvereinigung	15 % Marktanteil in Brasilien
Alibaba Group	Seit 2013 die größte mobile Payment-Plattform der Welt mit 870 Mio. Benutzern
Tencent	Größer Anbieter in China, 200 Mio. Benutzer 2016
Shanghai Jianmi Network Technology Co	Neues Payment-System für mobile Apps
Jabbar Internet Group	2,3 Mio. Kunden im Mittleren und Nahen Osten
Global Payments	Zahlungsverkehr für große Unternehmen wie Virgin Atlantic
Great Hill Partners	All-in-One Zahlungsplattform
GMO Internet	Führender japanischer Anbieter
Ganesh Kumar Bangar	Südostasien
Naspers	Anbieter für Lateinamerika, Afrika und Asien
WM Transfer Ltd. (Belize)	41 Mio. Benutzer, 100.000 Kunden
N2V	Prepaid-Karte für den Mittleren Osten
Amazon	Bezahlung mit Amazon-Konten auf externen Seiten
CyberSource (Visa)	Online-Zahlungsverkehr-Gateway
	Hochrisikotransaktionen

Auswahl an Angeboten internationaler Zahlungsdienstleister

Die meisten dieser Firmen sind einer breiteren Öffentlichkeit gänzlich unbekannt. Sie kommen zumeist nur in die Schlagzeilen, wenn sie in kriminelle Vorgänge verwickelt sind oder größere Ausfälle hatten.

– 8.3. –

Schmutzige Praktiken

Schon vor 20 Jahren sahen sich die großen Kreditkartenfirmen gezwungen, für Firmen mit einem hohen Risiko Vorsorgen für problematische Transaktionen zu treffen. Die *New York Times* berichtete im November 2002 von der Einführung von hohen Zusatzgebühren für hochriskante Vertragspartner von Banken, die Kreditkartenzahlungen über das Visa-Netzwerk durchführten, und zitierte Martin Elliott, den Direktor für den Bereich Risikomanagement von Visa:

> *„Die neuen Regelungen fokussieren auf die wachsende Zahl von Zwischenfirmen, die als Internet-Service-Zahlungsdienstleister bezeichnet werden. Diese Firmen verarbeiten Transaktionen für Pornographieanbieter unter harmlosen Namen und ermöglichen diesen die Umgehung der Regelungen rund um Verbote dieser Angebote."*[114]

Dieser Schritt war notwendig geworden, nachdem betrügerische Anbieter dazu übergegangen waren, kleine Scheinfirmen zu gründen, die vor Transaktionen mit Online-Gambling- oder Pornoseiten geschaltet wurden. Dann schien auf dem Kontoauszug der Kunden statt einer Sadomaso-Seite beispielsweise ein angeblicher Blumenhändler auf, der in Wirklichkeit aber zu einem Netzwerk von Firmen gehörte, das vom kriminellen Zahlungsverkehrsdienstleister gegründet worden war, um die Transaktionspartner zu verschleiern. Viele diese Regelungen fruchteten nicht, da sich immer wieder neue Anbieter fanden, die in kürzester Zeit Firmennetzwerke errichteten, die diese Art von Verschleierungen ermöglichten.

CCBill: „Paypal der Pornoindustrie"

In einem Hearing des US-Repräsentantenhauses wurde im Januar 2018 über die verschiedenen kriminellen Wege des Menschenhandels gesprochen, bei denen elektronische Zahlungen einen elementaren Stellenwert haben.[115]

Eine besondere Rolle spielte dabei gemäß den Unterlagen des amerikanischen Parlaments die 1998 gegründete Firma CCBill aus Tempe, Arizona, die heute noch mit der Abwicklung von Transaktionen für Anbieter von pornografischen Inhalten auf ihrer Webseite in folgender Weise wirbt:

> *„Von Online-Unterhaltung bis zum Verkauf von Sexspielzeugen: CCBill bietet einzigartige und zuverlässige Dienstleistungen rund um die Uhr und die genaue Kenntnis der gesetzlichen Regelungen. Unabhängig vom Geschäftsmodell, einschließlich Content-Verkauf, digitaler Unterhaltung, Live-Übertragung und Streaming ist CCBill ein bewährter und vertrauenswürdiger Partner für erwachsene Geschäftskundenkonten und die Verarbeitung von Kreditkarten für Erwachsene."*[116]

Wie lange dieses Geschäft nun schon gut läuft, lässt ein Artikel aus dem *Forbes*-Magazin im Jahr 2004 erahnen, in dem die Verbindung zwischen CCBill und der Merrick Bank beschrieben wird. Webseiten wie Soundpunishment.com, GothicSluts.com und Threepillows.com wickelten ihre Kreditkartenzahlungen schon damals mit diesen beiden Finanzdienstleistern ab.[117] Laut den Unterlagen des amerikanischen Repräsentantenhauses verarbeitet die Firma im Jahr Transaktionen in Höhe von über einer Milliarde US-Dollar und wird aufgrund ihrer Markstellung auch als „Paypal der Pornoseiten“ bezeichnet.

Zu ihren Kunden gehören beispielsweise:

- Humaniplex, eine Webseite, auf der die Leistungen von Escort-Services in Kleinanzeigen angeboten werden
- Erotic Review, eine Seite, auf der zahlende Nutzer Erfahrungsberichte über Leistungen von Prostituierten finden
- Rubmaps, eine Plattform, die Reviews von Erotik-Massagesalons anbietet
- Nightshift, eine Plattform, die gegen bezahlte Werbung Fake-Reviews und Kleinanzeigen von Sexdienstleistern anbietet

Einige dieser Firmen sind gemäß den Unterlagen der amerikanischen Behörden in fragwürdige Geschäftspraktiken im Bereich der ↗Geldwäsche verwickelt:

Nightshift arbeitet mit CCBill über die zypriotische Briefkastenfirma Himoto Limite zusammen, die wiederum der Briefkastenfirma Altus Services Limited gehört, deren alleiniger Eigentümer die zypriotische Anwaltskanzlei Chr. P. Mitsides & CO ist. Auf diese Weise werden offenbar die wahren wirtschaftlichen Eigentümer verschleiert.[118]

Rubmaps wiederum erläutert auf seiner Webseite, dass auf der Kreditkartenabrechnung seiner Kunden eine Transaktion mit dem Namen des Händlers „Miracomm R-Maps +18882246844“ aufgeführt sein wird. Bei dieser Firma handelt es sich um die zypriotische Miracomm Holdings Ltd., deren Alleineigentümer der 74-jährige Georgios Veniaminidis ist, während die Firma von der Schweizer CDP Media AG gegründet wurde. Auch hier scheint es so, als würden die wahren Eigentümer verschleiert.

Leidtragende des Geschäfts mit diesen Anbietern sind laut Emily Freeborn, einer Anwältin der Kinderschutzorganisation *Children at Risk*, viele missbrauchte Kinder, die in Massagesalons arbeiten müssen, oder Jugendliche, die in die Prostitution gedrängt werden.

Fertige Vorlagen für Datingplattformen und Romance-Scams

Ein großes Rad in diesem Geschäft dreht der Anbieter Skadate, der über eine enge Geschäftsbeziehung zu CCBill verfügt und Templates für Dating-Plattformen und Porno-Webseiten verkauft.

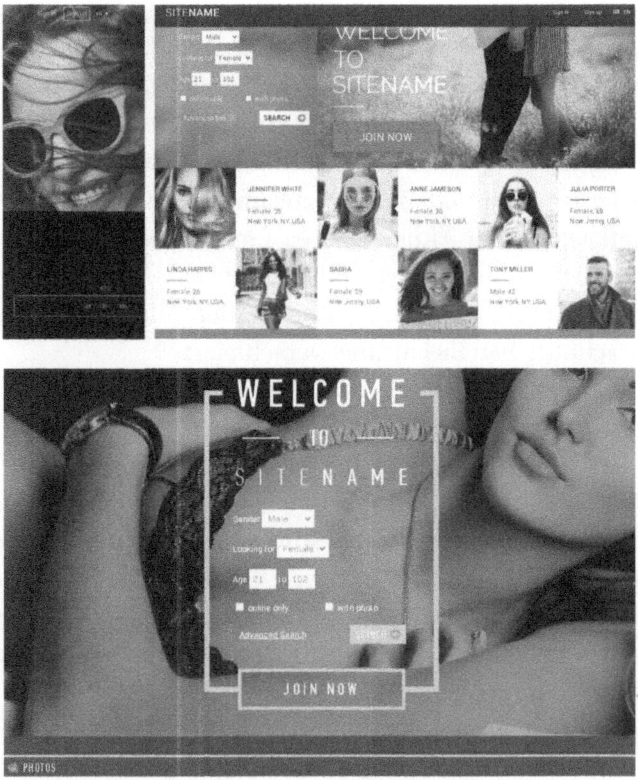

Abbildung 25: Beipiele für Webseiten-Templates von Skadate

Skadate wirbt damit, dass man bereits für 1.000 US-Dollar ein fixfertiges Template für ein Dating-Portal erwerben kann, das bereits über eine Integration für Zahlungsverkehrsleistungen mit den Anbietern CCBill und Paypal verfügt. Man muss als Anbieter nur mehr den Namen der Seite ändern und die personenbezogenen Inhalte befüllen, schon kann man Kunden anlocken, die mit ihrer Kreditkarte bezahlen können. Viele Kriminelle nutzten Skadate für den Aufbau von Vermittlungsplattformen, auf denen arme Jugendliche und Zwangsprostituierte den Kunden angeboten werden, die bequem mit Kreditkarte bezahlen können. Von den verrechneten Beträgen wird nur ein Bruchteil an die Opfer weitergegeben.

Überdies werden derartige Webseiten auch von Kriminellen betrieben, die mit *Romance Scams* Geld machen. Sie stellen gestohlene Fotos von Personen auf ihre Seiten, die gar nicht wissen, dass ihre Bilder verwendet werden, und locken damit einsame Menschen an, die für viel Geld den Kontakt zur angeblich großen Liebe suchen. All das kann bequem über die mitgelieferte Zahlungsverkehrsanbindung verrechnet werden. Der Identitätsdiebstahl, der mit der Veröffentlichung von Profilen einhergeht, und das Leid der Opfer bleiben leider zumeist ungeahndet, da es für Polizeibehörden sehr schwierig ist, die Verbrecher zu enttarnen.

Liberty Reserve

Der viel zu früh verstorbene österreichische Polizeiinspektor Rudolf Unterköfler hatte als Chef der Wirtschaftspolizei schon 2013 eine Vorahnung, welche neuen Straftaten im Bereich der Finanzwelt im Kommen waren. Auf einer dubiosen Plattform namens *Liberty Reserve* konnten Kriminelle sich ohne Identifikation durch ein Ausweisdokument anmelden. Dann kauften sie dort mit US-Dollar die digitale Währung LR, mit der sie weltweit Überweisungen tätigten und die sie auch wieder anonym in Dollar auf Prepaid-Karten ausbezahlt bekommen konnten. Man wisse in diesem digitalen Geldwäsche-System überhaupt nicht mehr, wer die Beteiligten auf beiden Seiten seien, sagte Unterköfler in einem Bericht der österreichischen Zeitung *Kurier*.[119]

Der Gründer des kriminellen Netzwerks *Liberty Reserve*, Arthur Budovsky, wurde von einem amerikanischen Gericht für den Betrieb seiner Geldwäscheplattform zu zwanzig Jahren Gefängnis verurteilt. Er war mit seinen Eltern in den 1980er Jahren von der Ukraine in die USA eingewandert und hatte nach der Begehung kleinerer Straftaten und der Verbüßung einer bedingten Freiheitsstrafe begonnen, über ein Netzwerk von auf der ganzen Welt aufgestellten Servern und Briefkastenfirmen Geld zu veruntreuen. Die von ihm geschaffene, scheinbar an den US-Dollar gekoppelte Digitalwährung LR wurde seit 2005 unter anderem von Kreditkarten- und Investmentbetrügern sowie von Drogendealern genutzt. Das System wurde von Costa Rica aus betrieben, bis es 2013 von verschiedenen internationalen Behörden in einer koordinierten Aktion stillgelegt wurde. Zu diesem Zeitpunkt gab es mehr als 5,5 Millionen Nutzerkonten. Budovsky hatte selbst die Staatsbürgerschaft Costa Ricas angenommen, vermutlich um der US-Justiz zu entgehen. Er wurde jedoch im Mai 2013 in Spanien festgenommen. In der gesamten Betriebszeit wurden über die LR-Währung 78 Millionen Finanztransfers mit einem Gesamtvolumen von 8 Milliarden Dollar abgewickelt.

Die US-Staatsanwaltschaft schrieb in einer Pressemitteilung:

> *„Liberty Reserve wurde ursprünglich ungefähr 2001 von Budovsky und dem Mitangeklagten Vladimir Kats in Brooklyn, New York, konzipiert und Ende 2005 in Betrieb genommen. Aus seiner früheren Erfahrung mit ‚GoldAge' – einem digitalen Geldwechselgeschäft, das er zusammen mit Kats leitete –*

war sich Budovsky dessen bewusst, dass ein beträchtliches Volumen digitaler Währungstransaktionen mit Internet-Investitionsangeboten zusammenhing, die als High-Yield-Investment-Programs (‚HYIPs') bezeichnet werden, und von denen er wusste, dass sie Online-Pyramidenspiele waren. Budovsky war sich auch bewusst, dass digitale Währungen von anderen Online-Kriminellen wie Kreditkartenhändlern und Identitätsdieben verwendet wurden."[120]

Budovsky hatte sich vor der Prozesseröffnung im Januar 2016 schuldig bekannt, ebenso wie seine Mitangeklagten Maxim Chukharev und Mark Marmilev, die zu drei und fünf Jahren Gefängnis verurteilt wurden. Das New Yorker Urteil zeige, „dass Geldwäsche über den Weg künstlicher Währungen dennoch Geldwäsche ist - und ein Online-Verbrechen ist auch ein Verbrechen", erklärte ein Vertreter der Anklagebehörde.

Vladimir Kats sitzt derzeit im Danbury-Bundesgefängis in Connecticut, kommt aber in Kürze wieder in Freiheit.

Nachfolgeplattform Perfect Money

Die dunklen Gestalten, die als Kunden *Liberty Reserve* benutzt hatten, wechselten blitzartig zu einer neuen Plattform namens *Perfect Money*.[121] Sie vertrauten auf eine Plattform, bei der unbekannt ist, wer sie betreibt. NBC News berichtete, dass es nicht einmal nach eingehender Recherche möglich gewesen sei, die Eigentümer von *Perfect Money* zu ermitteln:

„Perfect Money existiert seit 2007, konnte aber nicht erreicht werden. Auf der Webseite wird keine Telefonnummer angegeben, auch fehlen Informationen über das Management oder Personen, die in dieser Firma arbeiten. Ein E-Mail blieb ohne jedes Feedback. Reuters konnte nicht herausfinden, wer die

Eigentümer der Firma sind. Auf der Webseite wird behauptet, dass Perfect Money in Panama ansässig ist. Die Regierung von Panama behauptet allerdings, dass die Firma dort kein Büro habe und auch keine Lizenzen durch die Finanzmarktaufsichtsbehörde an sie vergeben wurden."[122]

So hatte ein dubioser Dienstleister der Halbwelt einen anderen abgelöst. Den Kunden war es offenbar egal, mit wem sie ihre dunklen Geschäfte machten.

– 9 –

Die Verlierer von Wirecard

Die Anzahl der Behörden, die kurz vor dem Zusammenbruch hinter Wirecard her waren, ist eindrucksvoll:

- Das amerikanische Justizministerium
- Das FBI
- Mehrere amerikanische Staatsanwaltschaften
- Das amerikanische Secret Service
- Das amerikanische Financial Crimes Enforcement Network (FinCEN)
- Das Department of Homeland Security (DHS)
- Die deutsche Finanzmarktaufsicht BaFin
- Die Münchner Staatsanwaltschaft
- Das britische Serious Fraud Office (SFO)
- Die Financial Conduct Authority (FCA)
- Die österreichische Staatsanwaltschaft
- Der philippinische Anti-Money Laundering Council (AMLC)
- Die AML/CFT-Einheit (Anti-Money Laundering/Combating the Financing of Terrorism) in Mauritius
- Die Israel Money Laundering and Terror Financing Prohibition Authority
- Die Bundespolizei in Singapur
- EUROPOL
- Die Staatsanwaltschaften in Malta und Zypern

Diese Liste, die vom Podcast *The Wirecard Saga* zusammengestellt wurde, ist bei weitem nicht abschließend, aber sie illustriert, dass in den zwanzig Jahren der Tätigkeit von Wirecard und deren Vorgängerfirmen wohl eine Reihe von bedenklichen Aktivitäten zusammengekommen ist, die weltweit zum Einschreiten von Ermittlungsbehörden geführt hatten. Der schlechte Ruf von Wirecard und die problematischen Geschäftspraktiken wurden aber mit viel Geschick – auch durch den Einsatz vieler teurer externer Berater und PR-Agenturen – über lange Zeit so gut ausgestanden, sodass in der Öffentlichkeit sogar der Eindruck entstand, eine wertvolle, aufstrebende deutsche Firma würde von der missliebigen Konkurrenz und von Spekulanten verfolgt und sich wacker dagegen wehren, während es gleichzeitig gelang, den Börsenwert in schwindelerregende Höhen zu treiben.

– 9.1. –

Diskreditierte Kritiker

Neben verschiedenen Wirtschaftsjournalisten, denen die Geschäfte von Wirecard undurchschaubar und suspekt vorkamen, traten auch immer wieder Anlegerschützer auf den Plan, denen die Involvierung von Wirecard in betrügerische Aktivitäten zum Nachteil ihrer Klienten ein Dorn im Auge war. Wie viele andere fragwürdige Anbieter hatte Wirecard stets ausweichende Standard-Antworten für viele Fragen parat und verwies häufig auf Spekulanten (Shortseller), die ihr Geld mit schlechten Nachrichten über die Firma verdienten, da in diesem Fall der Aktienkurs fallen würde, worauf sie gewettet hatten. Das ging so weit, dass die ↗BaFin im Februar 2019 mit Zustimmung der Europäischen Wertpapiermarktaufsicht ESMA ein Shortselling-Verbot von Wirecard-Aktien erließ:

> *„Die BaFin hat am 18. Februar 2019 eine Allgemeinverfügung erlassen, wonach es ab sofort verboten ist, neue Netto-Leerverkaufspositionen in Aktien der Wirecard AG (DE0007472060) zu begründen oder bestehende Netto-Leerverkaufspositionen zu erhöhen."*[123]

Die Behörde hatte tatsächlich den Argumenten von Wirecard, wo der Vorstand Jan Marsalek selbst zu diesem Thema als „Chief Compliance Officer" in Erscheinung trat, Glauben geschenkt, dass von Spekulanten eine große Gefahr für den deutschen Wertpapiermarkt ausginge und weltweite Pressekampagnen orchestriert wurden, an denen sich korrumpierbare Journalisten beteiligten, die selbst mit der Spekulation auf Wirecard-Aktien Geld machten.

Manche Kritiker machten es dem Wirecard-Konzern aber auch sehr leicht, die Vorwürfe zurückzuweisen. Ein gutes Beispiel dafür war die zweitgrößte Anlegerschutzorganisation Deutschlands, die Schutzgemeinschaft der Kapitalanleger (SdK), die Wirecard schon im Jahr 2008 Bilanzmanipulation vorwarf, worauf der Aktienkurs - damals noch im TecDax - um 70 Prozent fiel. Wirecard gelang es blitzschnell herausfinden, dass Mitglieder des SdK-Vorstands an der Börse auf fallende Kurse gesetzt hatten, um damit Geld zu verdienen. Und so drehte sich der Wind, die Anlegerschützer standen plötzlich selbst am Pranger, wurden Gegenstand von Strafverfahren und schließlich in einzelnen Fällen sogar verurteilt, weil das Gericht befand, dass der Kurs der Wirecard-Aktie manipuliert worden war.

Mehr als ein Jahrzehnt später widmete sich eine neue „Anlegerschutzinitiative" aus Österreich dem Wirecard-Konzern. Diese nannte sich EFRI und führt uns im Hinblick auf die handelnden Personen zurück ins zweite Kapitel dieses Buchs. Dort ist vom Bankrott der *New Economy*-Firma YLine die Rede, und davon, dass Jan Marsalek zur gleichen Zeit wie YLine-Gründer Werner Böhm die Idee verfolgte, Transaktionen über Smartphones abzuwickeln. Marsalek war es danach gelungen, der einflussreiche Vorstand eines DAX-Konzerns zu werden, während Böhm nach einem fast 15 Jahre dauernden Verfahren erst im Jahr 2015 mit einer geringen, diversionell erledigten Strafe davonkam, allerdings beruflich nicht mehr so leicht Fuß fassen konnte. Im Gerichtsprozess gab er an, nur mehr über ein Monatseinkommen von 3.000 Euro zu verfügen, was für den erfolgsverwöhnten Lebemann sicher schwierig war.[124] Auch Elfriede Sixt, eine vormals für die weltweite Wirtschaftsprüfungsfirma Ernst & Young tätige Steuerberaterin, war im österreichischen YLine-Verfahren angeklagt gewesen und erst nach 42 Verhandlungstagen vom Vorwurf der Beitragstäterschaft zur Bilanzfälschung freigesprochen worden.

Auf der Suche nach neuen beruflichen Aufgaben gründeten Werner Böhm und Elfriede Sixt die Anlegerschutzinitiative EFRI mit Vereinssitz in einem Einfamilienhaus in der Ortschaft Bisamberg bei Wien.[125] In Österreich ist es denkbar einfach, eine solche Initiative ins Leben zu rufen, da es keine besonderen Auflagen für derartige Vereine gibt, solange ihre Statuten nicht gegen das Vereinsrecht verstoßen. Jeder kann einen Anlegerschutzverein gründen, ohne dass er dazu eine besondere Befähigung oder eine gute Reputation vorweisen muss. Nach der Vereinsgründung wurde der Domainname efri.io in den British Indian Ocean Territories registriert. Seither werden auf dieser Webseite alle möglichen Artikel über Straftaten im Bereich der Computerkriminalität veröffentlicht. Offenbar gehört auch die Webseite FinTelegram als eine Art Schwestermedium zur Anlegerschutzinitative. Dort werden die die Veröffentlichungen von EFRI mit redaktionellen Beiträgen ergänzt, und man kann über einen Link EFRI abonnieren. Ein Impressum gibt es nicht.[126]

Schon vor der formellen Vereinsgründung von EFRI erstattete Elfriede Sixt am 31. Januar 2020 eine Anzeige gegen die Wirecard AG, die sie an die ↗BaFin, die Staatsanwaltschaft München und die Europäische Zentralbank übermittelte. In diesem Dokument mit dem Titel „Geldwäscheverdachtsmeldung für den Konzern der Wirecard AG“ wurden der Firma verschiedene illegale Geschäftspraktiken vorgeworfen:

- Im Bereich des unlizenzierten Glücksspiels habe Wirecard Online-Glücksspielanbietern Bankkonten zur Entgegennahme von Geldern zur Abwicklung ihrer illegalen Geschäftstätigkeit zur Verfügung gestellt.
- Wirecard habe Betreibern von mutmaßlich betrügerischen Online-Trading-Seiten Bankkonten für die Entgegennahme und Weiterleitung der illegal erworbenen Finanzmittel zur

Verfügung gestellt, womit diese Investment-Betrügereien („Investment Scams") umsetzen konnten.

- Wirecard habe es unlizenzierten Glücksspielanbietern und Investment-Betrügern ermöglicht, Kreditkartenzahlungen entgegenzunehmen und somit Vermögenswerte aus illegalen Quellen in den legalen Wirtschaftskreislauf einzuschleusen.

Detailliert wurde in der 13-seitigen Anzeige die Involvierung von Wirecard in verschiedene Straftaten beschrieben und auch ausgeführt, wie lange die Geschäftsbeziehungen zu betrügerischen Anbietern schon bestanden haben und wie viele Menschen dadurch geschädigt wurden. Am Ende ihrer Ausführungen appellierte Elfriede Sixt an die Behörden, den kriminellen Vorgängen bei Wirecard nachzugehen:

> *„Das Leid europäischer Kleinanleger, das durch Investment Scams und durch Online Casinos verursacht wird, ist unvorstellbar. Rechtschaffene Bürger verlieren ihre Lebensersparnisse an mafiöse Organisationen, im Vertrauen auf ein gesichertes digitales Umfeld und auf ein ordnungsgemäßes Finanzsystem in Europa. Das Bankwesen und die Zahlungsanbieter erfüllen eine wichtige Funktion bei der Bekämpfung von Kriminalität und Terrorgefahr. Zahlungsdienstleister und Banken verfügen – vor allem im Vergleich zu Privatinvestoren – sowohl über die finanziellen als auch technischen Möglichkeiten ihren diesbezüglichen Verpflichtungen der Gesellschaft gegenüber nachzukommen, insofern ist eine fahrlässige oder sogar vorsätzliche Vernachlässigung der Geldwäscheverpflichtungen und damit eine mögliche Beihilfe zu vielfachen Betrugshandlungen an europäischen Privatinvestoren durch jegliches Bankinstitut aufs Schärfste zu verurteilen und unbedingt zu ahnden."*

Wie man inzwischen weiß, war die Reaktion der Behörden, milde gesagt: eher verhalten. Ob das daran gelegen hat, dass die EFRI-Gründer Sixt und Böhm in das langwierige Strafverfahren rund um die YLine-Pleite verwickelt waren und ihre Reputation darunter gelitten hatte, ist nicht bekannt. Im deutschen *Business Insider* erschien im April 2020 jedenfalls ein Artikel mit dem Titel „Betrugsvorwürfe gegen Wirecard: Angebliche Anlegerschützer selbst unter Verdacht", in dem es um Untreuevorwürfe gegen EFRI-Gründer Werner Böhm im Zusammenhang mit dem kanadischen Unternehmen Bitrush ging:

> *„Ein kanadisches Gericht warf Böhm 2017 in einem Urteil vor, als Vorstand des Unternehmens Bitrush unrechtmäßig 561.373 Dollar auf das Konto einer Privatfirma transferiert zu haben. Elfriede Sixt soll über diesen Vorgang voll umfänglich im Bilde gewesen sein, heißt es in dem Urteil des Gerichts."*[127]

Im Urteil des Obersten Gerichtshofs von Ontario, das am 14. November 2017 veröffentlicht wurde, heißt es wörtlich bezüglich dieser Geldsumme: „Das Geld wurde eindeutig von Böhm veruntreut."[128]

Dem neuerdings als Anlegerschützer tätigen Werner Böhm wurde in der Presse überdies unterstellt, dass er in einer früheren Tätigkeit versucht habe, mit einem Unternehmen zusammenzuarbeiten, dessen Tochterfirma Option888 in der Anzeige von Sixt als illegaler Online-Gambling-Anbieter mit Verbindungen zu Wirecard aufgelistet wurde.

Für Wirecard war es bei dieser nunmehr öffentlich bekannt gewordenen Verdachtslage rund um die Verfasser der Anzeige gegen den Konzern denkbar einfach, die Anleger und Kunden mit einer Presseaussendung, die fast nur Gemeinplätze enthielt, zu beruhigen:

„Wirecard unterstützt in keiner Weise unlizenzierte Online-Trading- oder Gambling-Seiten. Wirecard lässt in diesen Bereichen ausschließlich Unternehmen mit gültiger, staatlicher Lizenz auf seiner Plattform zu. Wirecard sieht in der Anzeige den Versuch geprellter Investoren, sich an Dritten schadlos zu halten. Wiederholt sollen Vorgänge, denen bereits 2016 ordnungsgemäß begegnet wurde, gegen Wirecard verwendet werden. Daher sieht Wirecard die von EFRI erstattete Anzeige als substanzlos an."[129]

Dabei waren die selbsternannten Anlegerschützer von EFRI schon ziemlich nah an der Wahrheit dran und hatten in vielen Punkten die problematischen Vorgänge von Wirecard gefunden und richtig aufgezeigt. Die Behörden scheinen aber hier einem wichtigen ↗Compliance-Grundsatz nicht nachhaltig gefolgt zu sein. Dieser besagt, dass man konkrete Vorwürfe, die einigermaßen Hand und Fuß haben, auf jeden Fall einer unvoreingenommenen Untersuchung unterziehen sollte. Das gilt auch für anonym vorgebrachte Eingaben oder für Vorbringen von Personen oder Institutionen, deren Reputation in einem anderen Zusammenhang beschädigt ist. Im konkreten Fall dürften die Vorwürfe bei den verschiedenen Behörden aber verworfen worden sein, da die Anzeiger von EFRI einen eher problematischen Ruf hatten, während auf der anderen Seite ein zu diesem Zeitpunkt angesehener DAX-Konzern stand, dem man die unterstellten Straftaten einfach nicht zutraute.

Wirecard konnte so bald wieder zur Tagesordnung übergehen. Bei der nächsten regulären Hauptversammlung wurden neue Frohbotschaften verkündet, und es gelang Markus Braun und Jan Marsalek in diesen schwierigen Monaten, in denen es im Unternehmen schon an allen Ecken und Enden brodelte und jederzeit die Entdeckung der kriminellen Machenschaften und des riesigen Bilanzlochs drohte, sogar, eine weltweite Partnerschaft mit der österreichischen Raiffeisen Bank International abzuschließen.

– 9.2. –

Stilles Wachstum

Wie aber konnte es überhaupt so weit kommen? Was machte Wirecard eigentlich? Und wie war aus der kleinen Technologiebude aus dem Münchner Umland ein DAX-Konzern geworden?

Ein Blick in die Entwicklung von Wirecard am Beispiel Österreich zeigt, dass die Firma nicht organisch wuchs, sondern das Wachstum über die Akquisition von zumeist völlig unbekannten kleinen Unternehmen führte. Die Geschichte in Österreich reicht bis in die 1990er Jahre zurück. Damals begann ein Techniker aus Feldkirchen in Kärnten mit der Entwicklung von elektronischen Kreditkartenkassen, die man von Webseiten aus ansteuern konnte. Diese sahen im Vergleich zu den heutigen grafisch sehr modern gestalteten Dialogfenstern sehr klobig aus und kamen zu einer Zeit auf den Markt, als noch diskutiert wurde, ob die 1994 gegründete Firma Amazon oder Ebay eine reale Überlebenschance auf dem Weltmarkt hätten. Die Dotcom-Blase im Jahr 2000 schadete vielen Unternehmen sehr, aber der Kärntner Unternehmer steigerte sein Geschäft sogar, verbesserte seine Lösung laufend und verkaufte sie an immer mehr Betreiber von Webseiten, die damit Zahlungen ihrer Kunden nicht nur über den Einzug von Geld von Bankkonten, sondern über Kreditkartentransaktionen abwickeln konnten. Im Jahr 2001 beteiligte er sich an der Firma Paymentsolutions, die sich in den nächsten Jahren gut entwickelte und schließlich im Jahr 2007 in Qenta Paymentsolutions umbenannt wurde. Das Hauptgeschäft des kleinen Unternehmens stellten Softwarelösungen dar, die an den Schnittstellen zwischen Händlernetzwerken und Kreditkartenfirmen eingesetzt werden konnten.

Auch die Risikoprüfung für übernommene Transaktionen wurde angeboten. In den Jahren 2007 und 2008 wurde die Firma schrittweise an die Trustpay International AG verkauft, die zu Wirecard gehörte.

Im Quartalsbericht der Wirecard AG zum 30. September 2008 wurde vermerkt:

> *„Im Oktober 2007 wurde die Trustpay International AG mit Sitz in München mit ihren Tochterunternehmen Wirecard Payment Solutions Holdings Ltd., Wirecard Payment Solutions Ltd., Herview Ltd., allesamt ansässig in Dublin (Irland), Qenta Paymentsolutions Beratungs- und InformationsgmbH (Klagenfurt) sowie der webcommunication EDV Dienstleistungs- und Entwicklungs GmbH mit Sitz in Graz (Österreich) im Konzern vollkonsolidiert. Das operative Geschäft der Trustpay-Tochterunternehmen basiert auf Vertriebs- und Processing-Dienstleistungen für das Kerngeschäft der Gruppe, dem Payment Processing & Risk Management."*[130]

Wirecard war zu diesem Zeitpunkt schon im Rahmen eines *Reverse IPO* durch die Übernahme der notleidenden Berliner InfoGenie AG an der Frankfurter Börse im TecDAX-Segment gelistet und hatte durch den Kauf der XCOM Bank im Jahr 2006 die Möglichkeit, selbst Zahlungskarten herauszugeben.[131] Mit einer innovativen Prepaid-Kreditkarten-Lösung unter der Marke myWirecard konnte das Unternehmen den Mobilfunkanbieter Vodafone begeistern und war die erste Bank im deutschen Sprachraum, die eine funktionierende Mobile-Payment-Lösung für Endkunden anbot.

Wirecard bringt eine „Wirecard" auf den Markt

Im Jahr 2007 brachte die im Münchner Vorort Grasbrunn angesiedelte Wirecard AG eine gleichnamige Karte auf den Markt, die es sowohl in einer virtuellen als auch in einer physischen Ausführung gab:

> *„Mit ‚Wirecard', einem Produkt der Wirecard Bank AG, zahlen Konsumenten einfach und sicher im Internet. In 30 Sekunden online anmelden, per Überweisung, Bareinzahlung oder Lastschrift ein Guthaben einzahlen und man erhält sofort eine 16-stellige MasterCard Kartennummer, ein Ablaufdatum und eine Kartenprüfnummer. Mit der ‚virtuellen' MasterCard bezahlt man einfach und sicher bei Millionen Shops im Internet und zahlreichen Versandhändlern. Gegen eine Jahresgebühr von EUR 24,90 zuzüglich Versandkosten können die Kunden von ‚Wirecard' nun auf Wunsch eine Plastikkarte erhalten, bei deren Nutzung alle bestehenden Funktionen und Vorteile des Basisproduktes erhalten bleiben."*[132]

Diese Karte sollte ein wichtiges Element für das künftige Kerngeschäft von Wirecard werden. In der Presseaussendung ließ man schon damals erkennen, dass offenbar keine große Sorgfalt bei der Anlage von neuen Kunden bestand. Eine genaue Überprüfung, wie sie beim Anlegen von Kreditkartenkunden durch andere Banken üblich ist, blieb aus. Wirecard bot überdies an, das Risiko für die Unternehmen, die Wirecard als Zahlungsverkehrsdiensteanbieter auswählten, „integriert" zu managen. Christa Wagner, Executive Vice President Division Consumer Goods bei der Wirecard AG, verfasste im Jahr 2011 eine „Entscheidungshilfe" für Unternehmen, die einen neuen Zahlungsverkehrsdiensteanbieter suchten. Aus ihren Ausführungen lässt sich das „integrierte" Grundkonzept von Wirecard erahnen:

„Dienstleister, die als Payment Service Provider und als ↗Akquirer arbeiten, bieten Händlern einen besonderen Mehrwert: Die Abstimmung von Prozessen und die Kommunikation ist mit nur einem Ansprechpartner denkbar einfach. Ein weiterer Vorteil: Sind Prozesse aus dem Risikomanagement zur Betrugserkennung zwischen Payment-Service-Provider und Akquirer eng aufeinander abgestimmt, steigt die Effektivität der Maßnahmen enorm. Gleichzeitig profitiert der Händler von einem integrierten Berichtssystem, das die lückenlose Dokumentation von Buchungen und Transaktionen garantiert. Nicht zuletzt bietet der Payment-Service-Provider – alternativ zur Kreditkarte – weitere Bezahlverfahren an, die der Händler einfach zubuchen kann."[133]

Die von Wirecard gekaufte österreichische Firma Qenta schlug in diesem Umfeld einen langen, erfolgreichen Wachstumskurs ein. Im September 2010 wurde sie in Wirecard Central Eastern Europe GmbH umbenannt, im Oktober 2010 mit der kleinen steirischen Firma webcommunications verschmolzen. Im Jahr 2018 übersiedelte Wirecard CEE nach Graz. Nur zwei Jahre später, am 3. Juli 2020, meldete sie beim Landesgericht für Zivilrechtssachen in Graz unter der dem Aktenzeichen 27 S 36/20a Konkurs an.

Für die Wirtschaftsprüfer präsentierte sich die Wirecard CEE über viele Jahre als kerngesundes Unternehmen. Es gab keine nennenswerten Bankschulden und sogar hohe Barmittel. Noch im Jahresabschluss zum 31. Dezember 2019 wies man einen Bilanzgewinn von über 8 Millionen Euro aus. Zum Zeitpunkt der Insolvenz – ein halbes Jahr später – waren daraus 600.000 Euro negatives Eigenkapital geworden. Wie dieser schnelle Kapitalabfluss passieren konnte, ist Gegenstand von Untersuchungen.

Auch für den anfangs so glücklichen Kärntner Unternehmer, der seine kleine Firma an Wirecard veräußern konnte, hatte der Konkurs der Wirecard CEE noch ein bitteres Nachspiel: Die *Kleine Zeitung* berichtete unter dem Titel „1,4 Millionen Euro Passiva: Wirecard-Skandal: Firma von KAC-Funktionär in Konkurs“ in ihrer Ausgabe vom 19. August 2020:

> *„Klagenfurter Firma in Wirecard-Skandal involviert: Die Folgen des milliardenschweren Betrugsskandals der internationalen Firma Wirecard reichen bis nach Klagenfurt. Am Dienstag musste das Dienstleisterunternehmen CDR-Handels GmbH von J. S. am Landesgericht Klagenfurt Konkurs anmelden.“*

Nachdem der Feldkirchner Unternehmer offenbar am Verkauf der in seinem Miteigentum stehenden Qenta an Wirecard gut verdient hatte, bestanden weiterhin Geschäftsbeziehungen, die ihn – wie so viele andere Partner und Kunden – in den Strudel der Wirecard-Insolvenz hineintrieben. Alle hatten an das Wachstumsmärchen geglaubt, das im Rückblick betrachtet sehr konstruiert und unglaubwürdig aussieht, wie die folgenden Wachstumszahlen belegen:

Geschäftsjahr	**Umsatz in Mio. €**	**Steigerung in %**	**Gewinn in Mio. €**	**Steigerung in %**	**Mitarbeiter** (Jahresdurchschnitt)
[illegible]	[illegible]	[illegible]	[illegible]	[illegible]	[illegible]
2005	54,1	696 %	8	15.000 %	323
[illegible]	[illegible]	[illegible]	[illegible]	[illegible]	[illegible]
2007	134,2	64 %	30,47	97 %	459
[illegible]	[illegible]	[illegible]	[illegible]	[illegible]	[illegible]
2009	228,5	16 %	45,52	8 %	468
2010	271,6	19 %	53,97	19 %	500
2011	324,8	20 %	61,19	13 %	498
2012	394,6	21 %	73,29	20 %	674

Geschäfts-jahr	Umsatz in Mio. €	Steigerung in %	Gewinn in Mio. €	Steigerung in %	Mitarbeiter (Jahresdurch-schnitt)
2013	481,7	22 %	82,73	13 %	1.025
2014	601,0	25 %	107,92	30 %	1.750
2015	771,3	28 %	142,64	32 %	2.300
2016	1.028,4	33 %	266,74	87 %	3.766
2017	1.490,0	45 %	259,72	-3 %	4.449
2018	2.016,2	35 %	347,40	34 %	5.154

Tabelle: Geschäftszahlen von Wirecard 2004–2019

Wirecard hatte in 15 Jahren kein einziges wirklich schlechtes Jahr gehabt und jedes Jahr ein deutliches Umsatzwachstum gemeldet. Auch in den Krisenjahren 2008 und 2009, als die Finanzwirtschaft weltweit einbrach, wurden bei Wirecard hervorragende Umsätze und Gewinnzuwächse vermeldet. Diese Erfolgsstory und das Versprechen, bahnbrechende neue Technologien zu entwickeln, wurde im Marketing kombiniert mit dem Glamour-Faktor von Unternehmenschef Markus Braun, der sich immer wieder mit den Spitzen der Politik und Wirtschaft zeigte. So konnten wichtige Kunden mit großen Namen gewonnen werden. Letztlich machte man mit diesen Kunden zwar oft keine Gewinne. Aber das Einkommen des Konzerns stammte, wie man inzwischen durch die Untersuchungen der deutschen Behörden und des Wirecard-Untersuchungsausschusses weiß, ohnehin aus dem schmutzigen Geschäft, das als wirkliches Kerngeschäft von Wirecard betrachtet werden konnte, also aus den Bereichen illegales Glücksspiel, Pornografie und ↗Geldwäsche. Und dieses Kerngeschäft befand sich ganz weit unter der Oberfläche der polierten Konzernbilanz und der Wahrnehmung der Kunden und Anleger, die auf die Wirecard AG hereinfielen.

In einem amerikanischen Gerichtsverfahren gegen den dubiosen Geschäftsmann Hamid „Ray" Akhavan und den Wirecard-Manager Ruben Weigand, in dem die beiden Herren im Juni 2021 wegen Bankenbetrugs schuldig gesprochen wurden,[134] wurde sogar eine Verbindung zwischen Wirecard und dem OneCoin-Geldwäschekarussell entdeckt. Einer der Partner von Weigand räumte ein, dass er einen der Köpfe des OneCoin-Netzwerks, den früheren Lebensgefährten von Ruja Ignatova, dabei unterstützt hatte, auf illegale Weise Schulden in Höhe von 30 Millionen US-Dollar einzutreiben. Es ist davon auszugehen, dass in den anstehenden Gerichtsverfahren mehr Details über die Involvierung des DAX-Konzerns in diese Abgründe des Kryptowährungsbetrugs und ähnlich gelagerte Straftaten ans Licht kommen werden.

– 9.3. –

Bestürzte Kunden und Partner

Kurz vor Weihnachten 2017 gab die Wirecard AG unter dem Titel „Integration von Echtzeit-Zahlungslösungen" bekannt, dass sie mit einem Unternehmen der Österreichischen Post AG „gemeinsame Wege" gehen und ab sofort einen komfortablen Bezahlservice für das Begleichen von digitalen Rechnungen im öffentlichen Sektor anbieten werde. Kunden könnten damit sicher, schnell und vor allem unkompliziert online bezahlen. Der Geschäftsführer der Post-Beteiligung sendhybrid GmbH, einem Unternehmen, das so wie die Österreich-Tochter von Wirecard seinen Firmensitz in Graz hat, wurde in dieser Aussendung mit den Worten zitiert:

> *„Mit dem neuen Bezahlservice wollen wir den klassischen Briefverkehr modernisieren und eine zuverlässige Alternative in digitaler Form anbieten. Immer mehr Unternehmen erkennen die Vorteile und setzen bereits auf die neue Möglichkeit. Mit Wirecard, als Experte für digitale Finanztechnologien, haben wir den optimalen Partner gefunden, um auch unsere Digitalisierung weiter voranzutreiben."*[135]

Offenbar wollte man den E-Brief, ein modernes Produkt der Post, mit diesem Bezahlservice attraktiver gestalten. Dafür wurde der „HybridPayLink" entwickelt, der bei Empfängern des E-Briefs direkt im digitalen Kundenpostfach angezeigt wurde. Mit einem Klick konnte der Kunde dann die Bezahlung einleiten und ersparte sich die Eingabe von Empfängerdaten, IBAN und Betrag, um eine Rechnung zu begleichen, da diese Daten bereits vorangelegt waren. Für papierbasierte Rechnungen wurde der HybridPayLink als Text oder in Form eines Scancodes versandt.

Aber die Zusammenarbeit mit Wirecard war offenbar nur von kurzer Dauer, wie die Pressesprecherin des großen österreichischen Logistik-Anbieters, Ingeborg Gratzer, betont – und strategisch auch nicht sehr wichtig:

> *„Es handelte sich dabei um ein von Wirecard für eines unserer Tochterunternehmen, nämlich sendhybrid, entwickeltes System. sendhybrid wurde hier lediglich an eine Standard-Schnittstelle der Wirecard angebunden – also alles andere als eine Partnerschaft. Dieses System von Wirecard war so aufgebaut, dass jederzeit auf einen anderen Bezahlprovider gewechselt werden konnte – was mittlerweile auch geschah. Mehr können wir zu diesem Thema nicht beitragen."*[136]

Das klingt nach einem sehr abrupten Ende der Geschäftsbeziehungen. Welche Innovation Wirecard hier eingebracht hat, ist auch nicht wirklich klar. Offenbar reichten die drei Jahre der Kooperation zwischen den Unternehmen nicht aus, um den E-Brief und den HybridPayLink zu einer erfolgreichen Massenanwendung zu machen.

Zahlungsverkehr für die Österreichischen Bundesbahnen

Länger bestanden die die Geschäftsbeziehungen zwischen Wirecard und den Österreichischen Bundesbahnen, die von Wirecard zu den Top-10-Kunden weltweit gezählt wurden und seit 2015 mit dem deutschen Dienstleister arbeiteten. Ein Vorstand der ÖBB-Tochterunternehmung ÖBB Personenverkehr AG, erklärte, dass Wirecard im Jahr 2015 eine europaweite öffentliche Ausschreibung im Bereich von Zahlungsverkehrsdienstleistungen und Acquiring gewonnen hatte und damit zwei bestehende Anbieter abgelöst wurden.

In der Beantwortung der Fragen für dieses Buch durch die ÖBB wird der Umfang der Kooperation dargestellt. Auch wenn einige Fragen im Hinblick auf die Klassifizierung als Betriebsgeheimnisse nicht beantwortet werden konnten, ergibt sich doch ein gutes Bild über die Grundlagen der Zusammenarbeit. Wirecard versprach vieles - und das besser und schneller als die Konkurrenz. Alles begann mit einer Ausschreibung im Jahr 2015.

Frage: Wie viele Anbieter haben an der von Ihnen erwähnten Ausschreibung teilgenommen, und um welche Unternehmen handelte es sich?
Es haben 3 Bieter an der Ausschreibung teilgenommen.

Mit welchem Unternehmen nahm der Wirecard-Konzern an der von Ihnen erwähnten Ausschreibung teil?
Wirecard Bank AG

Aus welchem Grund wurde der Zuschlag an Wirecard erteilt?
Aufgrund des Bestbieterprinzips.

Wann wurde der Vergabezuschlag an Wirecard erteilt?
Die Zuschlagserteilung erfolgte am 10.11.2015.

In welchem Umfang wurde der Vergabezuschlag an Wirecard erteilt?
Es wurde eine Rahmenvereinbarung betreffend „Payment Service Provider & Acquiring“ mit der Wirecard Bank AG abgeschlossen.

Welche Vergabezuschläge wurden seit diesem ersten Vergabezuschlag an Wirecard erteilt?
Die Antwort auf diese Frage unterliegt dem Betriebsgeheimnis.

In Medienberichten wurde erwähnt, dass die ÖBB zu den weltweit größten Kunden des Wirecard-Konzerns gehörten (z.B. im *Handelsblatt* am 22. September 2020). Wie hoch waren die an Wirecard erteilten Aufträge durch die ÖBB-Personenverkehr AG insgesamt seit Beginn der Zusammenarbeit?
Die Antwort auf diese Frage unterliegt dem Betriebsgeheimnis.

Wie viele Transaktionen wurden seit Beginn der Zusammenarbeit mit dem Wirecard- Konzern von diesem für die ÖBB-Personenverkehr AG abgewickelt?
Die Antwort auf diese Frage unterliegt dem Betriebsgeheimnis.

Mit welchen Unternehmen des Wirecard-Konzerns bestehen derzeit (Stand 24. Februar 2021) noch immer aktive Geschäftsbeziehungen der ÖBB-Personenverkehr AG?
Die Wirecard Bank AG ist aktuell Geschäftspartner.

Wird derzeit seitens der ÖBB-Personenverkehr AG daran gedacht, die Geschäftsbeziehungen zu Wirecard oder deren Nachfolgefirmen zu beenden oder neu auszuschreiben?
Die Antwort auf diese Frage unterliegt dem Betriebsgeheimnis.

Am 9. Mai 2017 informierte Wirecard in einer Presseerklärung darüber, dass die ÖBB eine Gutschein-Plattform der Wirecard benutzen würden. Herr Martin Schmutz, damaliger Leiter des Vertriebs der ÖBB-Personenverkehr AG, wurde mit den Worten zitiert: „Wir setzen die Digitalisierungsstrategie der ÖBB klar und eindeutig fort, um unseren Fahrgästen möglichst viele Vorteile zu bieten. Mit Wirecard haben wir hier einen zuverlässigen Partner an unserer Seite, um solche

innovativen Produktideen umzusetzen." Welche Projekte hat die ÖBB-Personenverkehr AG mit dieser Gutscheinplattform von Wirecard durchgeführt?
Die Verantwortlichkeiten bei der ÖBB-PV AG haben sich bis dato nicht geändert. Die Gutscheinplattform sichert unseren Kunden auch die Möglichkeit, über Voucher zu bezahlen.

Gemäß der öffentlichen Vergabedatenbank USP des Bundesministeriums für Digitalisierung und Wirtschaftsstandort wurden seit 30. Juni 2019 an Wirecard vier Aufträge im Ausmaß von insgesamt 4.569.883,04 Euro vergeben. Am 16.12.2019 wurde an die Wirecard Bank AG eine Direktvergabe mit der Geschäftszahl 4451356591 im Ausmaß von 4.365.292,33 Euro vorgenommen. Wieso wurden diese Dienstleistungen nicht ausgeschrieben?
Dieser Abruf ist ein Abruf aus der bestehenden Rahmenvereinbarung.

Welchen Inhalt hatte der Rahmenvertrag, der mittels dieser Direktvergabe mit der Wirecard Bank AG abgeschlossen wurde?
Die Antwort auf diese Frage unterliegt dem Betriebsgeheimnis.

Am 30.6.2019 wurde an die Wirecard Bank AG eine Direktvergabe mit der Geschäftszahl 4350769690 im Ausmaß von 101.885,71 Euro vorgenommen. Wieso wurden diese Dienstleistungen nicht ausgeschrieben?
Dieser Abruf ist ein Abruf aus der bestehenden Rahmenvereinbarung.

Welchen Inhalt hatte der Rahmenvertrag, der mittels dieser Direktvergabe mit der Wirecard Bank AG abgeschlossen wurde?
Die Antwort auf diese Frage unterliegt dem Betriebsgeheimnis.

Am 30. Juni 2019 kaufte die ÖBB-Postbus GmbH über einen Rahmenvertrag der ÖBB- Personenverkehr AG Leistungen bei der Wirecard Bank AG über 101.885,71 Euro ein. Um welche Leistungen handelte es sich dabei?
Die Antwort auf diese Frage unterliegt dem Betriebsgeheimnis.

Ausfall bei Raiffeisen

Bei der österreichischen Raiffeisen Bank International wälzte man noch im Februar 2020, also wenige Monate vor dem Zusammenbruch von Wirecard, größere Pläne mit dem deutschen Zahlungsverkehrsdienstleister. Wirecard gab damals eine internationale Kooperation der beiden Unternehmen bekannt, die sich auf 13 Länder erstrecken und das „Kundenerlebnis" aufgrund der Vielfalt der Wirecard-Plattform optimieren sollte. Was genau darunter zu verstehen ist, bleibt bis heute weitgehend unklar.

Der zu Beginn dieses Buches erwähnte Wirecard-Manager Jörn Leogrande, der für den Bereich Innovation im Konzern zuständig war, beschrieb in seinem Buch viele der neuen Entwicklungen als wenig ausgereift, nicht für den Markt geeignet oder schlicht als unprofitabel oder von den Kunden oder Konsumenten nicht akzeptiert. Im Jahr 2019 präsentierte er der Presse die *Wirecard 360° Retail Experience*, die in Zusammenarbeit mit einem Kreativstudio konzipiert worden war. In deren Zentrum sollte ein Touchscreen mit integrierter Objekterkennung stehen. Ein Kunde könnte so physisch in einem Geschäft einen Artikel auswählen, diesen auf den Bildschirm legen und verschiedene Funktionen auswählen. Bei Schuhen wäre das möglicherweise eine Personalisierung hinsichtlich der Größe, danach könnte digital bezahlt und das „Kauferlebnis" in sozialen Netzwerken geteilt werden. Leogrande führte aus, dass damit in einem klassischen Umfeld wie dem stationären Einkaufen ein „digitales

Erlebnis" geschaffen werden kann, wie es von Konsumenten angeblich heutzutage erwartet wird.

Ging es um diese Art von Kundenerlebnissen in der Kooperation bei Raiffeisen, und welche Erwartungshaltungen hatte man für die Kooperation mit Wirecard insgesamt? Der österreichische Bankkonzern, der sich offenbar einiges von der Kooperation erwartet hat, liefert dazu einige interessante Antworten:

Frage: Am 19. Februar 2020 wurde von der Wirecard AG eine Kooperation mit der Raiffeisen Bank International AG bekannt gegeben, die sich auf 13 Länder erstreckte.[137] Was umfasste diese Kooperation, und welches inhaltliche und/oder kommerzielle Interesse hatte die Raiffeisen Bank International zum Abschluss eines Kooperationsvertrags mit Wirecard bewogen?
Die Kooperation umfasste die Möglichkeit für ganzheitliche Kartenakzeptanz-Angebote an Händler, im Zuge derer die Wirecard technische Leistungen und RBI Kartenakzeptanz-Leistungen einbrachte.

Welche der 56 Konzernunternehmen von Wirecard waren Vertragspartner der RBI?
Bitte um Verständnis, dass wir diese Frage nicht beantworten möchten.

In der Presseaussendung wurde eine „Wirecard Financial Commerce-Plattform" erwähnt. Welche Funktionalitäten hatte diese Plattform?
Die Wirecard war im Zuge der Kooperation für die Einbringung und Vermarktung der technischen Leistungen verantwortlich, daher kann RBI hinsichtlich eines Funktionsumfangs keine Auskünfte erteilen.

Wurde daran gedacht, auf Basis von Boon Planet gemeinsame Services anzubieten?

Über die in der Pressemeldung beschriebene Kooperation hinaus gab es keine konkreten Absichten hinsichtlich einer weiteren Zusammenarbeit.

Wurde daran gedacht, mit Wirecard gemeinsam an der Emission der Kryptowährung Boon Coin zu arbeiten?
Zum Umfang der Kooperation wird auf die Pressemeldung verwiesen.

In der Presseaussendung wurde exemplarisch angeführt, dass in Nicht-EU-Ländern wie der Ukraine und in Serbien die RBI in der Rolle des „Kartenakzeptanzpartners“ auftritt. Für welche Karten war diese Rolle angedacht und wie hat sich das diesbezügliche Geschäft entwickelt?
Die Banken der RBI-Gruppe sind in den angeführten Ländern generell im Kartenakzeptanzgeschäft tätig. Die Kooperation mit Wirecard war ein zusätzlicher Vertriebsweg für diese Leistungen.

In der Presseaussendung wurde der für das Retailgeschäft verantwortliche Vorstand der RBI, Andrii Stepanenko, mit den folgenden Worten zitiert: „Dank unserer Zusammenarbeit mit Wirecard können Händler nicht nur ihre digitalen Zahlungsprozesse verbessern, sondern auch aufgrund der Vielfalt der Wirecard-Plattform das ganze Kundenerlebnis optimieren. Gemeinsam bieten wir alles, was Händler benötigen, nämlich Zahlungsakzeptanz in Kombination mit technischer Expertise und umfangreichen Finanzdienstleistungen.“ Welche Verbesserungsmöglichkeiten der Zahlungsprozesse wurden für Händler durch die Kooperation mit Wirecard gesehen?
Die technische Implementierung der Zahlungsakzeptanz beim Händler ist ein Geschäftsfeld, das grundsätzlich von darauf spezialisierten Anbietern wie der Wirecard wahrgenommen wird. Generell soll bei derartigen Kooperationen durch die

Kombination der technischen Leistungen der Serviceanbieter (wie in diesem Fall von Wirecard) mit der Kartenakzeptanz von RBI eine Verbesserung der Zahlungsprozesse erreicht werden. Dies kann unter anderem erreicht werden durch eine intuitive Abwicklung des Bezahlvorgangs für den Konsumenten sowie ein flexibles, erweiterbares Zahlungsmittelportfolio aus Händlersicht und dazugehörig eine nahtlose Einbettung des Bezahlprozesses in das Shoperlebnis insgesamt.

Wie kann man sich die geplante „Optimierung des Kundenerlebnisses", die von Herrn Stepanenko angesprochen wird, vorstellen?
Die technische Implementierung der Zahlungsakzeptanz beim Händler ist ein Geschäftsfeld, das grundsätzlich von darauf spezialisierten Anbietern wie der Wirecard wahrgenommen wird. Durch die Kombination der technischen Leistungen der Wirecard mit der Kartenakzeptanz von RBI kann eine Optimierung des Kundenerlebnisses erreicht werden.

Welche additiven Leistungen zu den bereits bestehenden Einrichtungen des RBI-Netzwerks (z.B. dem Ukrainian Processing Center) kamen in dieser Kooperation von Wirecard dazu?
Wirecard brachte technische Leistungen in die Kooperation ein.

Wie viele Transaktionen wurden seit Abschluss der Partnerschaft mit Wirecard im Rahmen der Kooperationsvereinbarung durchgeführt und mit welchem ungefähren Volumen?
Bitte um Verständnis, dass wir diese Frage nicht beantworten.

War die Partnerschaft mit Wirecard ein Erfolg für die RBI und wenn ja, wie könnten Sie diesen Erfolg beschreiben?

RBI und Wirecard konnten bereits auf eine längere Partnerschaft zurückblicken, im Zuge derer Händler mit gemeinsamen Kartenakzeptanz-Leistungen von RBI und Wirecard bedient wurden.

Besteht heute noch eine Kooperation mit Firmen aus dem Wirecard-Konzern bzw. deren Rechtsnachfolgern?
Bitte um Verständnis, dass wir diese Frage nicht beantworten.

Das Ende von Wirecard dürfte den Raiffeisen-Konzern ziemlich überrascht haben, da auch noch zwei große Kredite aushafteten, die laut Presseberichten von den Raiffeisen-Landesbanken Wien-Niederösterreich und Oberösterreich in der Höhe von insgesamt 105 Millionen Euro vergeben werden. Beide Banken sind Miteigentümer der Raiffeisen Bank International. Die Raiffeisen-Landesbank Oberösterreich hat allerdings durch einen Pressesprecher mitgeteilt, dass die Kreditvergabe in keinem Zusammenhang mit der Partnerschaft der RBI mit Wirecard zu sehen ist.

Bei der Raiffeisen Bank International haben - laut deren eigenen Angaben im Karrierenetzwerk LinkedIn - zwei Spitzenmanager von Wirecard nach dem Konkurs ihres Arbeitsgebers ein neues berufliches Zuhause gefunden. Einer ist nunmehr „Head of International Retail Payments"; der andere verantwortet den Bereich „Digital Banking", in dem es darum geht, dass die RBI nach dem Ende der digitalen Zuno-Bank eine neue Digitalbank schaffen möchte. Auf diese Weise ist vielleicht ein Teil des Wirecard-Know-hows im Raiffeisenkonzern angekommen, obwohl aus der ursprünglich geplanten Partnerschaft nichts geworden ist. Ob die Kredite aus der Konkursmasse bezahlt werden, ist mehr als fraglich - und so auch das neue Kundenerlebnis, auf das die Kunden von Raiffeisen noch etwas warten müssen.

– 9.4. –

Big Business mit Big Data?

Daten können viele Rückschlüsse auf Menschen ermöglichen: Was kaufen sie ein, wohin reisen sie, um welche Uhrzeit tun sie welche Dinge? Die Analyse solcher Daten kann für die Bereitstellung eines maßgeschneiderten Angebots für Konsumenten sehr wichtig sein, oder aber auch für das Verständnis von menschlichem Verhalten.

Während der Corona-Pandemie war es beispielsweise essenziell, die Wirkung der behördlich verordneten Maßnahmen schnell zu verstehen und darauf zu reagieren. Die Auswertung anonymisierter Bewegungsdaten von Mobiltelefonen lieferte dafür wichtige Ergebnisse: Wie viele Menschen hielten sich wie lange in welchen Bereichen auf, aus welchen Regionen kamen sie, wohin fuhren sie später. So konnte eingeschätzt werden, wie sehr die Corona-Maßnahmen eingehalten wurden, ohne die Menschen zu befragen. Da die verwendeten Daten vor der Analyse anonymisiert wurden, entstanden dabei keine Probleme mit dem Datenschutz. Als Anonymisierung bezeichnet man die Entfernung von Elementen von Datensätzen, die eine Zuordnung zu einer Person möglich machen. Eine andere Möglichkeit, mit sensiblen Daten umzugehen, ist deren Pseudonymisierung. Dabei wird an der Stelle, von der die Daten stammen, eine Trennung zwischen den Daten, die eine Zuordnung zu einer Person möglich machen, und den Analysedaten gemacht. Nur über eine strikt separat geführte Tabelle können diese unter kontrollierten und dokumentierten Bedingungen wieder zusammengeführt werden.

In der Informationsgesellschaft gewinnt die Auswertung von Daten, die unter dem Schlagwort ↗Big Data firmiert, immer mehr an Bedeutung. Leider geht damit aber auch eine Missbrauchsgefahr einher, wie eine erste große Anwendung in Hitler-Deutschland schon in den 1930er Jahren beispielhaft zeigte. Die Nationalsozialisten benutzten von IBM hergestellte ↗Lochkarten und von einer IBM-Tochterfirma angemietete Zählmaschinen, um eine umfangreiche und detaillierte Analyse der Bevölkerung durchzuführen, aus der sie nach und nach erkennen konnten, wo sich welche Bevölkerungsgruppen in Deutschland oder in später besetzten Gebieten aufhielten und wie sie sich im Staatsgebiet bewegten. IBMs größter Kunde für diese Maschinen war die deutsche Reichsbahn, an deren Bahnhöfen Hollerith-Kartenlesegeräte standen. Die Verwendung dieser modernen Technologie wurde zu einer Schlüsselfrage für die Logistik der Transporte in die Konzentrationslager und zur quantitativen Auswertung der Massenvernichtung.[138] Sogar am Ende, wenn ein Mensch getötet wurde, wurde die Tötungsart auf der Lochkarte vermerkt und konnte später von Zentralstellen der Nazis ausgewertet werden. Eine grauenhafte Anwendung einer damals ganz neuen Technologie! IBM verurteilte in einer Pressemitteilung die Verbrechen der Nationalsozialisten und verwies darauf, dass diese politischen Kräfte vor und während des Zweiten Weltkriegs die Kontrolle über ihr Tochterunternehmen in Deutschland erlangt und ihre Technologie missbraucht hatten. Diese schreckliche Anwendung von Technologie illustriert das Risiko, das mit der Verarbeitung von personenbezogenen Daten verbunden ist: Gelangen sie in die falschen Hände, können sie für üble Zwecke eingesetzt werden.

Inzwischen sind viele Jahrzehnte ins Land gezogen, neue Technologien wurden verfügbar, und die Analyse von Migrationsströmen mit deren Hilfe ist zu einer Herausforderung geworden, der sich die Europäischen Regierungen stellen müssen. Auch die Unterstützung für Flüchtlinge wird immer wieder diskutiert. Die Europäische Kommission hat ein Hilfsprogramm in der Türkei, in Jordanien, dem Libanon und Griechenland ins Leben gerufen, im Rahmen dessen Asyl- und Schutzsuchende finanzielle Unterstützung über die Ausgabe von Prepaid-Karten erhalten. Im Februar 2019 berichtete der für Migration zuständige EU-Kommissar Dimitris Avramopoulos im Rahmen der Beantwortung einer parlamentarischen Anfrage im EU-Parlament:

> *„In Griechenland wird humanitäre Hilfe in Form von Guthabenkarten für in Frage kommende Asylbewerber und Personen, die internationalen Schutz genießen, bereitgestellt, und zwar grundsätzlich für einen Zeitraum von höchstens sechs Monaten, wie vom griechischen Ministerium für Migrationspolitik festgelegt, das das Programm zentral koordiniert. Der Hohe Flüchtlingskommissar der Vereinten Nationen (UNHCR) setzt das Programm in Zusammenarbeit mit zwei weiteren internationalen humanitären Organisationen (Katholisches Hilfswerk und der Internationale Verband des Roten Kreuzes) um. Im Einklang mit dem EU-Recht stellt das Programm sicher, dass Asylbewerber materielle Leistungen erhalten, damit sie ihre Grundbedürfnisse würdevoll, rechtlich und effizient erfüllen können.*
> *Über 90.000 Begünstigte haben im Rahmen dieses Programms Bargeldhilfe mit einem zuvor festgelegten monatlichen Höchstbetrag je nach Familienzusammensetzung und unter Anpassung an das griechische soziale Solidaritätseinkommen erhalten. Karten können nur direkt vom UNHCR und seinen Durchführungspartnern aufgeladen werden. Während des Programmzeitraums 2016–2018 hat die Kommission rund 122 Mio. Euro für Mehrzweck-Bargeldzuwendungen für Begünstigte in Griechenland bereitgestellt.“*[139]

Abbildung 26:
UNHCR-Zahlungskarte in Griechenland

122 Millionen Euro für 90.000 Menschen, das ist eine große Summe. Und an den Bargeldbehebungen verdienten Banken, die sehr dafür kritisiert wurden, da die Gebühren angesichts der kleinen Abhebungen 2 bis 3 Prozent des Betrags ausmachten, der ausgezahlt wurde (90 Euro Behebung, 2,50 Euro Auszahlungsgebühr).[140] Auch andere Vorwürfe stehen im Raum, die die zielgerichtete Verwendung der Mittel betreffen. Da auf der Karte nicht der Name einer Person, sondern eine von der herausgebenden Organisation Greece Cash Alliance (einem Zusammenschluss des UNHCR mit fünf NGOs) verwaltete Nummer steht, kann jeder, der den PIN-Code kennt, Geld beheben. Der EU-Kommissar schreibt dazu in der Anfragebeantwortung:

> *„Die Karten enthalten eine Nummer, die sich auf die Identität des Begünstigten des Programms bezieht. Die Identität des Karteninhabers wird monatlich durch eine physische Kontrolle überprüft. Karten verfallen, wenn Missbrauch oder falsche Identität festgestellt wird. Karten können nur in Griechenland verwendet werden."*[141]

Man erkennt hier schon das Spannungsfeld, in dem sich Zuwendungen für Flüchtlinge befinden: Einerseits gibt es Millionen Menschen, die finanzielle Unterstützung benötigen, andererseits ein hohes Missbrauchspotenzial durch Diebstähle oder Menschen mit falschen Identitäten und überdies Banken, die hohe Gebühren verrechnen.

Mitten in den Diskussionen der Europäischen Union und der UNHCR über die weitere Vorgehensweise entstanden offenbar Projektideen dazu im Umfeld von Wirecard. Wie Dokumente aus dem parlamentarischen Untersuchungsausschuss in Deutschland belegen, wendeten sich im November 2019 zwei Vorstandsmitglieder der Agentur zur Modernisierung der Ukraine, die vom ukrainischen Oligarchen und Wirecard-Kunden Dmitrij Firtasch finanziert wird, an Wirecard-Vorstand Jan Marsalek und an einen großen deutschen Konzern für Sicherheitstechnologie, der gemäß eigener Aussendung in den Bereichen Bezahlen, Konnektivität und Digitale Infrastrukturen zu den Markt- und Technologieführern gehört. Die beiden Herren erwähnten „Gespräche zur digitalen Flüchtlingskarte", die im November 2019 vom Vertreter einer in Wien ansässigen internationalen Organisation mit einem Mitglied der bayerischen Staatsregierung geführt werden sollten. In einem Anhang wurde die Funktion einer digitalen Zahlungskarte erklärt, die ein mit starken Sicherheitsvorkehrungen ausgestattetes bargeldloses Bezahlen durch Flüchtlinge ermöglichen sollte. Überdies waren in dem Vorschlag auch „medizinische Funktionen" einer solchen Karte angedacht:

> *„Sowohl nach ihrer Ankunft in Europa als auch während ihres Aufenthalts in Transitländern, wie der Türkei, sehen sich Flüchtlinge einer Vielzahl an Gefahren ausgesetzt. Das oftmalige Fehlen von Identitätsdokumenten, die Abhängigkeit von Bargeld und der beschränkte Zugang zu medizinischen Daten und medizinischer Versorgung stellen nicht nur für die*

unmittelbar Betroffenen große Sicherheits- und Gesundheitsprobleme dar, sondern stellen auch NGOs sowie die Behörden der jeweiligen Länder vor große Herausforderungen. Eine digitale Flüchtlingskarte mit Identifikations-, Zahlungsverkehrs- und medizinischen Funktionen kann als Plattform dienen, um gezielt die genannten Problematiken für die betroffenen Flüchtlinge aber auch für NGOs und Regierungsstellen zu reduzieren."[142]

Die Karte sollte an Menschen auf der Flucht in Transitländern ausgegeben werden. Im Projektpapier ist eine Schätzung enthalten, in der man von bis zu 50 Millionen Personen ausgeht, die Europa als Ziel für eine Flucht hätten, und von diesen würden sich jetzt schon 4 Millionen in der Türkei befinden. Auf der Karte sollten mitgeführte Dokumente und Nachweise über Sprachkurse vermerkt werden können, und durch die Speicherung des Fingerabdrucks bei der Geldabhebung überprüft werden, ob wirklich der berechtigte Auszahlungsempfänger vor dem Terminal steht. Weitere Funktionen, die im Projektvorschlag ausgeführt werden, lassen aufhorchen:

„Es besteht die Möglichkeit der Beschränkung der Nutzbarkeit gewisser Funktionen, beispielsweise des Zahlungsverkehrs, auf bestimmte Geografien (Geofencing) oder Einsatzsszenarien (z.B. Beschränkung der Bargeld-Abhebung). [...] Durch eine optionale Smartphone App und eine administrative Website können Karteninhaber jederzeit ihre Karte verwalten. Parallel besteht für Behörden und NGOs die Möglichkeit, die App und Website als direkten bidirektionalen Informations- und Kommunikationskanal mit dem Flüchtling zu nutzen. Über USSD- und SMS-Technologie besteht volle Kompatibilität auch mit alten Telefonplattformen (Feature Phones)."[143]

Zu diesem Projekt stellen sich viele wichtige Fragen:

- Sollte es mithilfe der Karte und den zugehörigen Zahlungsverkehrsdaten möglich sein festzustellen, wo sich die Flüchtlinge befinden und was sie kommunizieren, um so Profile von Fluchtrouten und Migrationsströmen zu entwickeln?
- Wie würde reagiert werden, wenn der Flüchtling ohne Genehmigung in ein anderes Land migriert?
- Könnte ein involvierter privater Zahlungsverkehrsdienstleister wie Wirecard Analysen auf Basis der mit der „Digitalen Flüchtlingskarte“ gewonnenen Daten an Dritte anbieten?
- Wer würde das alles zentral wissen und steuern?

Bei der massenhaften Verarbeitung von personenbezogenen Daten über die Bewegungen von Menschen in einem großen Territorium müssen hohe Sicherheits- und Datenschutzmaßstäbe gelten. Im Wege einer Datenschutz-Folgenabschätzung muss geklärt werden, welche Risiken bei der Verarbeitung solcher Daten für die Rechte und Freiheiten der betroffenen Personen bestehen. Überdies ist es sehr gefährlich, wenn die Steuerung eines so großen, öffentlichen Vorhabens, das viele verschiedene Länder betrifft, vorwiegend durch private, gewinnorientierte Unternehmen und nicht durch öffentliche Einrichtungen passiert. Für das Projekt „Digitale Flüchtlingskarte“ war zum Zeitpunkt der Drucklegung dieses Buches nicht klar, welche Rolle Wirecard oder Jan Marsalek spielen sollten. Fragwürdig ist auch, mit welchen Intentionen die Proponenten des Projekts agierten, die gleichzeitig für einen Verein des ukrainischen Oligarchen Dmitrij Firtasch arbeiteten. Einer der beiden fungierte zusätzlich als Headhunter bei einem amerikanischen Executive-Search-Unternehmen in Wien. Der andere legte am 25. November 2019 eine Rechnung über mehr als 100.000 Euro an Jan Marsalek und Wirecard. Wofür wurde er da bezahlt?

Wie vieles im Wirecard-Kontext bleibt auch dieses Vorhaben aufklärungsbedürftig. Offenbar hatte sich da aber ein potenzielles Geschäftsfeld von Jan Marsalek und seinen Kontakten nicht so gut entwickelt, vielleicht weil es von öffentlichen Stellen nicht geeignet unterstützt wurde. Es ist auf jeden Fall gut, dass Wirecard sich nicht in die Abwicklung von sensiblen Transaktionen mit Flüchtlingen involvieren konnte. Wer weiß, in welche Hände die Daten sonst geraten wären.

– 9.5. –

Das dicke Ende

Während der intensiven Diskussionen über die „Digitale Flüchtlingskarte" und Wirecards Rolle in diesem Projekt im Jahr 2019 hätte Vorstand Jan Marsalek wohl nie daran gedacht, dass er selbst zwei Jahre später auf der Flucht sein würde. Ihn könnte nunmehr aber das Schicksal ereilen, dass er mithilfe moderner Technologien gefunden wird. Nachdem die Banco Santander wesentliche Teile der Wirecard-Bank übernommen hat, können die Behörden jetzt beginnen, das Zahlungsverkehrsarchiv gezielt nach Daten über Marsaleks Transaktionen zu durchforsten. Manchmal gelingt es der Polizei auf diese Art und Weise, auch die schlauesten Kriminellen zu finden, da diese zumeist zu Beginn ihrer Straftaten, wenn das Ausmaß der Delikte noch klein ist, Fehler machen, die dann später noch elektronisch auffindbar sind.

Die Fragen, die bei derart prominenten Straftätern die Öffentlichkeit am meisten bewegen, sind aber: Wo versteckt sich der Beschuldigte, und wann kann ihm der Prozess gemacht werden? Immer wieder wird Russland als mögliches Ziel von Jan Marsaleks Flucht genannt, da Spekulationen über seine Tätigkeit als Geheimagent russischer Dienste kursieren. Die amateurhafte Flucht aus Österreich in einem kleinen Privatjet, mit dem Marsalek angeblich vom Provinzflughafen Bad Vöslau nach Minsk flog, lässt allerdings Zweifel an diesen Theorien aufkommen. Es ist anzunehmen, dass ein echter russischer Agent wohl auf professionellere Art und Weise in Sicherheit gebracht würde. Und es gibt auch noch viele andere Länder, in denen sich Marsalek verstecken könnte, die ihm einen deutlich besseren Lebensstil ermöglichen als die Militärsiedlung am Stadtrand von Moskau, in der er laut Berichten deutscher Medien vermutet wird. Dazu zählen für den ehemaligen DAX-Vorstand, der nicht Russisch spricht, Staaten, in denen er viele Jahre lang Netzwerke geknüpft und blendende Geschäfte gemacht hat, wie Singapur, die Philippinen, die Vereinigten Arabischen Emirate, Grenada oder die Türkei.

Ein Land fällt dabei im Zusammenhang mit der Auswahl möglicher Fluchtorte besonders auf: Madagaskar, die zweitgrößte Insel der Welt. Marsalek hatte über die Firma IMS an einem Projekt zur Einführung einer speziellen Kreditkarte in der ehemaligen französischen Kolonie gearbeitet. Das Projekt wurde – wie so viele andere Vorhaben von Wirecard – zwar nie umgesetzt, Investitionen waren aber in Millionenhöhe angelaufen.

Madagaskar macht immer wieder internationale Schlagzeilen wegen der problematischen sozialen Lage der fast 30 Millionen Einwohner und der schlechten Gesundheitsversorgung. Dabei darf aber nicht vergessen werden, dass es in dem Staat, der so groß wie Frankreich ist, sehr schöne Flecken gibt, die von Kriminellen als Verstecke genutzt werden können. Das Land verfügt nämlich über keinen Auslieferungsvertrag mit den meisten EU-Staaten und bietet neben Stränden und Bergen auch interessante Investitionsmöglichkeiten, da vieles noch unerschlossen ist.

Ruja Ignatova, die verschwundene Krypto-Queen, wollte sich in Madagaskar ein Öl- und Gasfeld kaufen und setzte dafür sogar Neil Bush, den Sohn des ehemaligen US-Präsident George Bush senior, ein. Das Geschäft klappte nicht. Ganz anders gelagert ist der Fall eines rumänischen Verbrechers, des ehemaligen Bürgermeisters von Constanța, Radu Mazăre, der sich in Madagaskar gemeinsam mit seinem Bruder ein Hotel gekauft hatte, wie der Journalistenverbund OCCRP recherchierte.[144] Mazăre entzog sich dem Zugriff der rumänischen Behörden und beantragte 2017 politisches Asyl auf der schönen Insel, wo er dann in seinem eigenen Hotelkomplex wohnen konnte.

Auch die in diesem Buch vorgestellten Betreiber von „Karatbars“ werben mit einer Absicherung ihrer Aktivitäten mit einer eigenen Goldmine in Madagaskar. Ausländer können auf der Insel zwar keine Grundstücke kaufen. Firmen im Besitz von Ausländern können allerdings Liegenschaften für 99 Jahre mieten. Da würde es bestimmt eine Möglichkeit geben, für Herrn Marsalek ein Refugium für ein paar Jahre Auszeit zu finden. Eine gründliche forensische Untersuchung der Zahlungsverkehrsdaten wird bestimmt Interessantes ans Tageslicht bringen und vielleicht sogar einen Hinweis darauf geben, wo sich der geheimnisvolle Flüchtige verbirgt. In der Zwischenzeit wird er steckbrieflich auf der ganzen Welt gesucht.

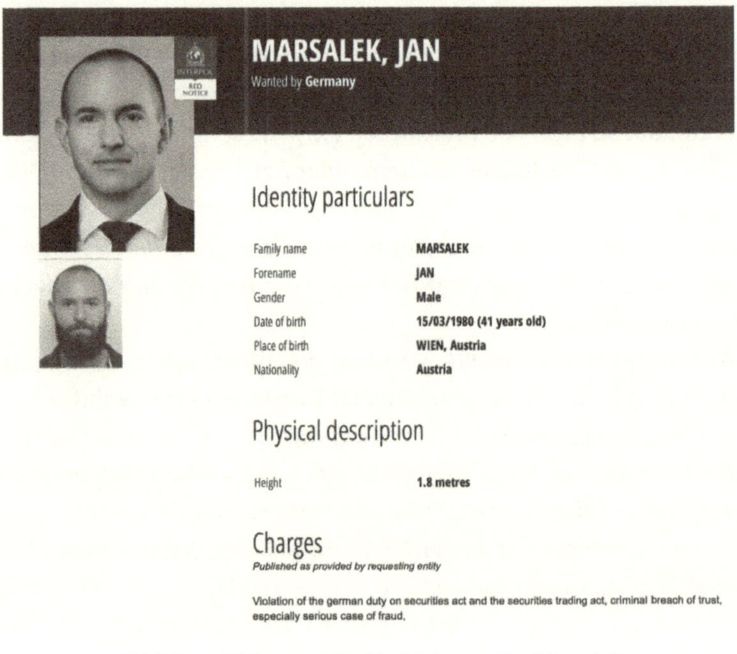

MARSALEK, JAN

Wanted by Germany

Identity particulars

Family name	MARSALEK
Forename	JAN
Gender	Male
Date of birth	15/03/1980 (41 years old)
Place of birth	WIEN, Austria
Nationality	Austria

Physical description

Height	1.8 metres

Charges

Published as provided by requesting entity

Violation of the german duty on securities act and the securities trading act, criminal breach of trust, especially serious case of fraud.

Abbildung 27: Interpol-Haftbefehl gegen Jan Marsalek

Er wird sich aber nirgends sicher fühlen können – auch in Madagaskar nicht, wie der Fall von Ex-Bürgermeister Mazăre zeigt. Einem Interpol-Auslieferungsersuchen, wie es für Marsalek vorliegt, wurde von Madagaskar nach zähem rechtlichem Ringen nachgekommen. Der Mann verbüßt jetzt eine neunjährige Haftstrafe wegen Korruption in seinem Heimatland Rumänien.[145]

Lehren aus Wirecard: Compliance und Kontrolle verbessern

Der plötzliche Zusammenbruch des Wirecard-Konzerns illustriert vor allem, dass dort kein funktionierendes „internes Kontrollsystem" bestanden haben kann, weder in der an der Börse notierten Wirecard AG noch in der von der BaFin geprüften Wirecard-Bank. Unter einem solchen System versteht man ein Regelwerk, mit dessen Hilfe die Unternehmensaktivitäten gesteuert und kontrolliert werden.

Bei Wirecard gab es vielmehr eine durch wenige Personen wahrgenommene autoritäre Führung des Konzerns, die sich ausschließlich an den persönlichen Befindlichkeiten und Einschätzungen der de facto unabsetzbaren Vorstandsmitglieder orientierte. Der Aufsichtsrat spielte dabei lange mit. Nur so war ein derart gesamthaftes Kontrollversagen möglich.

Die Eingaben von ↗Whistleblowern wurden weder vom Wirecard-Aufsichtsrat noch von den Behörden oder Wirtschaftsprüfern ausreichend ernst genommen. Schon im Mai 2016 hatte etwa ein anonymer Whistleblower die Wirtschaftsprüfer von ↗KPMG und ↗Ernst & Young detailliert vor Unregelmäßigkeiten im Indien-Geschäft von Wirecard gewarnt. Jan Marsalek rückte aus und stellte den Brief dieses Hinweisgebers als Racheaktion eines früheren Angestellten von Ernst & Young Indien dar, der für seinen Arbeitgeber zusätzliche Beratungsaufträge erzwingen wollte. So verlief alles im Sand, und die sehr detaillierte und stichhaltige Whistleblower-Meldung wurde gar nicht oder nur oberflächlich analysiert und bagatellisiert und überdies niemals nachhaltig aufgearbeitet.

Grundlegende Compliance-Regeln wurden nicht eingehalten, und Jan Marsalek trat im Umgang mit Behörden sogar selbst als „Chief Compliance Officer" auf, wenn es notwendig war, die Kohlen aus dem Feuer zu holen. Hier hätten auch die Behörden hellhörig werden und nachfragen müssen, wieso der COO des Konzerns plötzlich in eine solche Rolle schlüpft.

Sanierungsbedürftige IT-Systeme des Konzerns und Cyberangriffe, die teilweise tagelang das Geschäft behinderten oder gar zum Erliegen brachten, schienen niemanden zu stören. Konzernchef Braun verfügte offenbar über die großartige Fähigkeit, Dinge kleinzureden, und so wurden mehrtätige Ausfälle zu kleinen Pannen, die nie Grund genug waren, die Probleme sorgfältig aufzuarbeiten. Niemand wusste so richtig Bescheid, wie modern und leistungsfähig die Systeme waren, die man nach außen hin als innovativ, hypermodern und hochverfügbar darstellte.

Der soziale Umgang von Wirecard-Chef Markus Braun war höchst fragwürdig. Sein ganzes Streben galt der Vermittlung eines grandiosen Scheins als Vordenker der deutschen und europäischen Wirtschaft, mit dem er möglichst viele Politiker und andere Wirtschaftstreibende beeindrucken wollte, sodass diese Wirecard ein Geschäft vermittelten oder zumindest Unterstützung einräumten. Wenn der Chef einer großen Firma selbst zum Superreichen mutiert, der hauptsächlich zwischen Elite-Konferenzen, Oligarchenjachten und Edelweinverkostungen pendelt, sollte das nicht bewundert, sondern sorgfältig hinterfragt werden, da er vermutlich dann keine Zeit mehr für professionelle Entscheidungen in seiner Firma hat.

Wirecard, die große Hoffnung der deutschen Wirtschaft, als europäischer Topkonzern auf Augenhöhe mit Google, Apple & Co., erschien vielen als *too big to fail* und auf jeden Fall als *too big to lie*. Dass systematischer Betrug und tagtägliches Lügen über fast zwei Jahrzehnte durch Mitglieder des Managements praktiziert wurden, blieb, nachdem die Firma weitgehend ausgeräumt war, eine traurige Erkenntnis. Verhindern kann man solche kriminellen Machenschaften nur durch eine bessere, systematische Kontrolle, durch den verstärkten Kampf gegen Korruption und Geldwäsche und durch Misstrauen und gesunden Menschenverstand. Wie der Fall Wirecard zeigt, kann man sich auch auf hochgelobte Bilanzprüfer und scheinbar makellose staatliche Aufsichtsorgane nicht uneingeschränkt verlassen, wenn Menschen wie Marsalek und Braun am Werk sind, und alle erfolgreich täuschen.

Das gute Geld der Anleger und Kreditgeber wurde von den Wirecard-Bossen in *böses Geld* für üble Machenschaften konvertiert. Am Ende verschwand Jan Marsalek offenbar gerade noch rechtzeitig, um mit einem Teil der verschwundenen Milliarden ein gutes Leben irgendwo anders zu führen. Wie lange das gut geht, wird man sehen - vor allem dann, wenn die Finanzmittel zur Neige gehen.

Interview mit Fabio De Masi

Der deutsche Politiker Fabio De Masi ist eine der zentralen politischen Persönlichkeiten, die sich mit der Aufarbeitung des Wirecard-Skandals befassen. Nach seiner Tätigkeit im Europäischen Parlament (2014-2017) wurde er Abgeordneter im Deutschen Bundestag und stellvertretender Fraktionschef der Partei Die Linke. Der studierte Volkswirt bezeichnet sich selbst als „Finanzdetektiv“ und kämpft mit großem Engagement gegen Korruption, Vetternwirtschaft und „Nadelstreif“-Gangster, die er einer gerechten Strafe zuführen möchte.

Abbildung 28: Fabio De Masi, MdB,
Obmann des Wirecard-Untersuchungsausschusses

Frage: Der Zusammenbruch der Wirecard AG wurde im Rahmen eines Untersuchungsausschusses des Bundestags behandelt, dessen Obmann Sie waren. Welchen Eindruck haben Sie nach den vielen Ausschusssitzungen nunmehr von den Vorgängen rund um die bankrotte Firma?
Das Unternehmen war aus meiner Sicht spätestens seit 2010 – eventuell sogar früher – in systematischen Bilanzbetrug und Geldwäsche verwickelt. Die Geldwäsche war erforderlich, um die Aufblähung der Bilanzen zu vertuschen bzw. Liquidität vorzutäuschen. Darüber hinaus diente sie der Verschleierung des Dunkelfelds wie der Zahlungsabwicklung für Online-Glücksspiel, was in den USA stärker sanktioniert wurde und ein wesentliches Geschäftsfeld von Wirecard war. Wirecard hat dieses Geschäftsfeld entgegen den eigenen Behauptungen nie verlassen, sondern nur verschleiert.

Die Wirtschaftsprüfer von Ernst & Young und die deutsche Finanzaufsicht BaFin haben sich dabei geradezu kollusiv verhalten und Wirecard geschützt. Auch die Rolle der Staatsanwaltschaft ist kritisch zu hinterfragen, die sich insbesondere zum Instrument Wirecards im Zusammenhang mit einer wilden Erpressungsstory, wonach *Bloomberg* Wirecard gemeinsam mit der *Financial Times* erpressen wolle, gemacht hat. Auf diese

Story berief sich die BaFin beim Leerverkaufsverbot zugunsten Wirecards.

Neben systematischen Problemen der Finanz- und Geldwäscheaufsicht über den Wirecard-Konzern (die Zuständigkeit über die Wirecard-Bank lag bei der BaFin) und Insiderhandel in Aufsichtsbehörden spielte insbesondere das Lobbying von ehemaligen Politikern der Union sowie aus dem Umfeld von Sicherheitsbehörden zugunsten der Liberalisierung des Online-Glücksspiels und der damit verbundenen Zahlungsabwicklung durch Wirecard eine erhebliche Rolle!

Es gibt systematische Verbindungen zu ehemaligen deutschen Geheimdienstkoordinatoren und Geschäftsanbahnungen im sicherheitsnahen Bereich (z.B. Refugee Card zum Monitoring von Bewegungsprofilen, Verbindungen zu einer Firma, die Regierungskommunikation verschlüsselt, über den flüchtigen Wirecard-COO Jan Marsalek). Ich bin daher überzeugt, dass Strukturen innerhalb der Sicherheitsbehörden - womöglich über ehemalige Persönlichkeiten aus dem Sicherheitsapparat - Wirecard nutzen wollten, um Zahlungsflüsse über Wirecard abzuschöpfen. Die Bundesregierung hat Wirecard in China auch noch nach den kritischen Medienberichten der *Financial Times* als nationalen Champion beim deutsch-chinesischen Finanzdialog behandelt.

Wurde Wirecard Opfer eines großen Betrugs, oder war die Firma selbst Akteur in betrügerischen Geschäften?

Das engere Wirecard-Management hat betrogen. Daran besteht für mich kein Zweifel. So war etwa die Liquiditätssituation der Firma Spitzenmanagern bekannt - wie Dokumente im Untersuchungsausschuss belegen. Das Asien-Geschäft war laut dem Insolvenzverwalter größtenteils erfunden. Denn es gab nach der Insolvenz keine einzige Kundenbeschwerde aus diesem Geschäftsfeld.

Was war eigentlich das Hauptgeschäft von Wirecard? Kam das im Untersuchungsausschuss klar heraus?
Das Hauptgeschäft war aus meiner Sicht neben der eher unbedeutenden Beimischung margenschwacher Aufträge für Großkunden wie Aldi und der Zahlungsabwicklung und des Acquiring & Issuing (die Zahlungsabwicklung von Risikokunden für Kreditkartenfirmen) vor allem Zahlungsabwicklung für Online-Glücksspiel.

Welche Rolle spielte der Aufsichtsrat, dem mit Stefan Klestil auch ein prominenter Österreicher angehörte, der gleichzeitig im Beirat der Hamburger N26-Bank saß?
Der Aufsichtsrat hat bis zur Umstrukturierung durch den ehemaligen Deutsche-Börse-Aufsichtsrat, Thomas Eichelmann, im Wesentlichen seine Kontrollaufgaben nicht wahrgenommen.

Der Chef von Wirecard, Markus Braun, trat auf Elite-Konferenzen in ganz Europa auf – zum Beispiel am „Darwin's Circle" in Wien – und stellte als eine Art „europäischer Steve Jobs" angeblich bahnbrechende Innovationen vor. Gab es diese Innovationen bei Wirecard wirklich?
Nein. Es gab zwar Personen, die bei Wirecard im Maschinenraum gewerkt haben und wirklich glaubten, an innovativen Prozessen in der Zahlungsabwicklung mitzuwirken. Aber die Projekte wie mobile internetbasierte Ticketlösungen für das Moskauer U-Bahn-Netz waren teils unrealistisch (z.B. weil die Moskauer U-Bahn dafür gar nicht die Voraussetzungen wie Netzabdeckung hat) oder wurden vom Management nur erratisch verfolgt. Das Motto war vielmehr: *Fake in until you make it!*

Welche Rolle spielten die sogenannten Prepaid-Kreditkarten für deutsche und internationale Geheimdienste? Konnte damit von unbekannter Seite Geld auf Kreditkarten aufgeladen

werden, ohne dass vorher klar war, wer die Karten benützen würde?
Ja.

Wie konnte es passieren, dass dieses von der Wirecard-Bank vertriebene Kartenprodukt, das augenscheinlich Geldwäsche ermöglicht, von den deutschen Aufsichtsbehörden nicht verboten wurde?
Deutschlands Aufsichtspraxis bei Geldwäsche ist gemeinhin schlecht. Es ist denkbar, dass Wirecard systematisch zur Nutzung der Ausleuchtung des Dunkelfelds in der Zahlungsabwicklung (Kindesmissbrauch u.Ä.) genutzt wurde. So hat mir der ehemalige Head of Accounting, Stephan von Erffa, im Wirecard-Untersuchungsausschuss derartige Transaktionen über Wirecard-Kreditkarten bestätigt und dazu konkrete Angaben wie die Namen von Ermittlungsbeamten gemacht.

Die Banco Santander hat das „Kerngeschäft" von Wirecard im Januar 2021 erworben. Wie kann man sich dieses Geschäft vorstellen, nachdem man bei der spanischen Bankengruppe wohl davon ausgehen kann, dass sie die kriminellen Geschäfte von Wirecard wohl nicht übernehmen würde?
Das ist in der Tat erstaunlich. Auch das Geschäft von Wirecard South Africa durch das südafrikanische FinTech Adumo wurde verwertet. Ich habe über den deutschen Botschafter in Südafrika – Martin Schäfer – ein Gespräch mit Adumo bei einem privaten Aufenthalt in Südafrika begehrt. Das Unternehmen hat dies abgelehnt bzw. Bedingungen gestellt, wie alle Fragen vorab schriftlich vorzulegen. Dies habe ich selbstredend nicht akzeptiert. Ein Gespräch kam nicht zustande.

„Follow the money" – so lautet die Devise für die Strafverfolgungsbehörden, wenn es um die Ermittlung des Aufenthalts von gesuchten Straftätern geht. Wurden vonseiten der deut-

schen Behörden bereits alle Möglichkeiten ausgeschöpft zu überprüfen, wohin Geld für Jan Marsalek gegangen ist?
Dies kann ich nicht bewerten, da mir Antworten unter Bezug auf laufende Ermittlungen etwa zu den Zahlungsflüssen im Hinblick auf eine überteuerten Scheintransaktion in Indien und dem Fonds Emif 1A auf Mauritius verwehrt wurden.

Jan Marsalek flog angeblich mit einem kleinen Privatjet vom österreichischen Miniflughafen Bad Vöslau nach Minsk. Danach verlor sich seine Spur. Welche Indizien gibt es dafür, dass er sich danach weiter nach Russland abgesetzt hat?
Es wird behauptet, dass Nachrichtendienste dafür Quellen/Belege hätten. Ich kenne diese Belege nicht. Es ist durchaus möglich, aber nicht zwingend. Ich traue in der Welt der Nachrichtendienste grundsätzlich niemandem.

Wurde nach Ihrem Kenntnisstand seitens der deutschen Behörden die Verhaftung Marsaleks in Russland und dessen Auslieferung in die Wege geleitet?
Nein. Die Bundesregierung hat das Thema in Russland nach eigener Aussage auch nie angesprochen. Ich kann mir gut vorstellen, dass auch politische Kreise in Österreich Marsalek schützen. Sie haben viel zu verlieren. Genauso könnte es aber Interessen geben, die Spur von Russland wegzuführen, um der Bundesregierung keinen Druck auf Russland aufzunötigen. Letztlich gibt es ja für alle Beteiligten Vorteile, wenn Marsalek weg ist.

Bei Wirecard gibt es viele Verlierer. Vor allem die Anleger haben über 20 Milliarden Euro verloren, und bei vielen Menschen ging es dabei um ihre gesamten Ersparnisse. Was würden Sie Menschen raten, damit sie nicht Opfer eines Betrugs durch ein FinTech-Unternehmen werden?

Grundsätzlich gilt natürlich, nie alle Eier in einen Korb zu legen und sich in Schutzgemeinschaften für Kleinanlegerinnen und Kleinanleger zu organisieren, um etwa bei Hauptversammlungen kritische Fragen an Unternehmen zu richten. Gerade der FinTech-Bereich - wo ein großer Hype durch digitale Geschäftsmodelle besteht - bietet viele Einfallstore für Betrug und hohe Risiken durch den intensiven Wettbewerb.

Man sollte daher nur in FinTechs investieren, die maximal transparent sind, und eine harte Anti-Geldwäsche-Compliance fahren. Es ist natürlich attraktiv für FinTechs, Skalenerträge dadurch zu erhalten, dass man viel schmutziges Geschäft mit hohen Margen abwickelt, um überhaupt eine Weile im Wettbewerb gegen große BigTechs wie Apple, Alibaba, Amazon oder Facebook, die bereits über ↗Big Data verfügen, zu bestehen.

Viele Anleger haben sich auf die Bankenaufsicht und die Wirtschaftsprüfer in ihrer Einschätzung verlassen, dass es sich bei Wirecard um ein tolles, aufstrebendes Unternehmen handelt. Eine Art neues SAP, so etwas wie Deutschlands Vorzeigeunternehmen in der digitalisierten Wirtschaft. Wie konnten all diese Prüfer so kläglich versagen?

Es gibt eine hohe Konzentration der großen Spieler (Big 4) im Prüfungsmarkt. Da geht es auch um lukratives Beratungsgeschäft und Folgeaufträge. Wahrscheinlich wollte EY - sofern es keine anderweitigen Interessenkonflikte der Prüfer gab, die aufgrund der laufenden Ermittlungen Aussageverweigerungsrechte gegenüber dem Untersuchungsausschuss wahrgenommen haben - die Partnerschaft nicht gefährden.

Das Motto *Fake it until you make it* gehört in diesem Markt zum Geschäft - und wir wollen nicht diejenigen sein, die das Fallbeil senken. Bei den Aufsichtsbehörden wollte sich wohl auch niemand vorwerfen lassen, ein deutsches Börsenwunder abzuwürgen.

In Österreich ist gerade ein großes Antikorruptions-Volksbegehren gestartet worden. Im Zentrum steht die Bekämpfung der endemischen Korruption im politischen Bereich und öffentlichen Sektor. Könnten die österreichischen Staatsanwaltschaften mit Daten aus dem Wirecard-Konzern bei der Aufdeckung von Korruption weiterkommen?
Mit Sicherheit. Wirecard hat im erheblichen Umfang für politisches Lobbying und PR bezahlt. Die Armee an Lobbyisten und das ganze Theater waren ja nötig, um die Illusionsfabrik am Laufen zu halten.

Gab es unter den Auskunftspersonen im Wirecard-Ausschuss eigentlich auch Menschen, die sich geschämt haben, weil sie Korruption geduldet oder sogar befördert haben, und weil sie Wirecards üble Geschäfte damit gefördert oder zumindest nicht unterbunden haben?

Die betroffenen Verantwortlichen haben leider auf die heftigen Vorwürfe eher mit „Kopf in den Sand" und selten mit Demut reagiert.

Haben Sie neue Erkenntnisse seit dem Ende des Untersuchungsausschusses, und wird man von Ihnen in Zukunft noch mehr zu diesem Thema hören?
Es gibt die Vorstellung, dass Wirecard mit Buchungstricks Bilanzen aufgebläht hat und die Geldwäsche nur dieser Bilanzkosmetik diente. Ich bin aber mittlerweile überzeugt: Wirecard war eine großangelegte Geldwäschemaschine sui generis mit einem internationalen Abwicklungsnetz. Die Gelder wurden über Ländergrenzen verschoben und beim Gateway des Empfängers umcodiert, sodass der illegale Ursprung nicht mehr rückverfolgbar war. Wirecard hatte die Kunden und kassierte für illegale Transaktionen Teile der Umsätze, und die Gewinne wurden sodann auf die TPAs (die leeren Drittpartnerfirmen) gebucht!

Bisher war die Berichterstattung eher darauf konzentriert, dass alles Luftbuchungen waren. Die These der Geldwaschmaschine würde sich aber genauso mit der Tatsache vertragen, dass es keine einzige Kundenbeschwerde aus dem Kollaps des Drittpartnergeschäfts gab. Die Geldwäsche ist meines Erachtens auch der trübe Teich, der es für Sicherheitsbehörden so spannend machte, darin zu fischen, und um gegebenenfalls selbst Wirecard für die Abwicklung von sensiblen Transaktionen zu nutzen.

More to come!

– 10 –

Anhang

– 10.1. –

Wichtige Kryptowährungen

Litecoin (LTC)

Diese Kryptowährung wird oft als „kleiner Bruder" von Bitcoin bezeichnet, von der sie direkt abstammt. Wie alle Alternativen zu Bitcoin wird Litecoin als „Altcoin" bezeichnet. Litecoin wurde im Jahr 2011 von Charlie Lee entworfen. Ihre Kapitalisierung betrug Mitte April 2021 fast 20 Milliarden Euro. Die maximale Anzahl von Münzen beträgt 84 Millionen.

Zur Erhöhung der Transaktionsgeschwindigkeit benutzt Litecoin mit Scrypt einen weniger rechenintensiven Hash-Algorithmus für den Proof of Work als Bitcoin. Dieser Algorithmus ist kryptoanalytisch zwar weniger sicher als SHA-256, den Bitcoin benützt, reicht aber nach gegenwärtigem Wissensstand aus, um die Integrität der Blockchain zu gewährleisten. Die Kosten pro Transaktion sind wesentlich geringer als bei Bitcoin. Von den 65 Millionen Litecoins sind noch 18 Millionen im Schürfprozess.

Besonders im Darknet wird Litecoin gerne fürs Bezahlen verwendet, da die Transaktionen viel schneller als mit Bitcoin funktionieren und die Gebühren sehr gering sind. Im Jahr 2018 hatte die Gruppe um Charles Lee Innovationen rund um ein Projekt namens Litepay angekündigt, die nicht umgesetzt werden konnten, woraufhin die Währung einen signifikanten Einbruch erlitt, von dem sie sich aber inzwischen vollständig erholt hat.

Bitcoin Cash (BCH)

Diese oft mit Bitcoin (BTC) verwechselte Kryptowährung hat sich als *Fork* direkt aus Bitcoin entwickelt. Mit diesem Begriff werden Abspaltungen bezeichnet, die zwar aus der Bitcoin-Blockchain hervorgehen, aber eine wesentliche technische Änderung im Vergleich zur Ursprungsblockchain durchgemacht haben. Bei Bitcoin Cash führten die Änderungen in der Blockgröße zu signifikant höheren Transaktionsraten auf einem reduzierten Sicherheitsniveau.

Bitcoin Cash (BCH) wird zu den Altcoins gezählt. Die Kapitalisierung betrug Mitte April 2021 um die 20 Milliarden Euro, und es gibt so wie bei der großen Schwesterwährung maximal 21 Millionen Münzen.

Im Jahr 2018 fand der Kryptosoftware-Entwickler Cory Fields einen kritischen Fehler in der Validierungssoftware, der zu einem unerwarteten Teilen (*Fork*) der Blockchain führen hätte können. Glücklicherweise gelang es ihm, die Entwickler der Open-Source-Software, mit der die Bitcoin-Cash-Blockchain betrieben wird, rechtzeitig davon in Kenntnis zu setzen. Sonst wäre die Währung in dieser Form heute wahrscheinlich nicht mehr existent.[146]

Uniswap (UNI)

Uniswap ist eine dezentrale Kryptowährungsbörse, die auf der Ethereum-Blockchain aufsetzt und im Jahr 2018 von Hayden Adams gegründet wurde. Die Finanzierung für die Gründung bestand in der Ausschüttung von 100.000 Dollar durch die Ethereum Foundation für die Entwicklung von Uniswap. Nur drei Jahre später, Mitte April 2021, betrug die Kapitalisierung in der UNI-Kryptowährung an die 19 Milliarden Euro. Das tägliche Handelsvolumen stieg auf über 100 Milliarden Euro. Der gesamte Source Code ist bei dieser Open-Source-Entwicklung öffentlich einsehbar, die auf den Tausch von Kryptowährungen abzielt, die auf dem Ethereum-Protokoll ERC-20 basieren. Kunden können solche Token in einen *Liquidity Pool* einzahlen und erhalten, solange die Token nicht gehandelt werden, eine Rendite auf ihre Einlage, verzichten aber auch auf mögliche Kursgewinne.

Da Uniswap total dezentralisiert läuft und die Entwickler keine Hintertür und keinen Administrations-Schlüssel haben, kann niemand diesen Handelsplatz anhalten. Im April 2020 blieb eine Cyberattacke auf Uniswap, bei der versucht wurde, den *Liquidity Pool* zu leeren, erfolglos.

Chainlink (LINK)

Chainlink ist eine weitere auf der Ethereum-Blockchain basierende Blockchain, die sogenannte Oracles verifizieren kann. Das sind von Smart-Contract-Plattformen genutzte externe Informationen aus der realen Welt (z.B. der Zustellstatus eines Pakets, das Ergebnis einer Sportveranstaltung). Oracles sind unparteiische Personen oder Institutionen, auf die man sich vor Abschluss des Smart Contracts als Einflussfaktoren geeinigt hat. Die Kapitalisierung der zugehörigen Kryptowährung Chainlink betrug Mitte April 2021 bereits 17 Milliarden Euro. Der Erfinder von Chainlink, der 31-jährige Russe Sergey Nazarov, betrachtet die Entwicklung der Kryptowährungen und der dezentralisierten Finanzmärkte als wegweisend für den zukünftigen Kampf gegen den Klimawandel über die Möglichkeit, die Smart-Contract-Technologie mit der Verarbeitung von Echtzeitdaten zu verbinden.[147]

Stellar Lumens (XLM)

Stellar Lumens wurde 2014 ins Leben gerufen, um den internationalen Geldumtausch zu erleichtern. Ursprünglich basierte die Entwicklung auf Ripple (siehe unten), wurde jedoch 2015 auf völlig neue technische Beine gestellt. Die Kapitalisierung der zugehörigen Kryptowährung Stellar Lumens betrug Mitte April 2021 an die 14 Milliarden Euro. Von dieser Währung wurden 100 Millionen Einheiten geschaffen, die zu einem Großteil unentgeltlich verteilt wurden:

- 50 Prozent der „Coins“ gingen an Benutzer, die sich bei der Stellar Foundation angemeldet hatten.
- 25 Prozent gingen an Partner und Firmen, Regierungen, Einrichtungen und NGOs, die in der Vergangenheit zum Erfolg von Stellar beigetragen hatten.
- 20 Prozent wurden an die Inhaber von Bitcoin und Ripple weitergegeben.
- 5 Prozent wurden für die Ausgaben der Stellar Foundation einbehalten.

Mit diesem unkonventionellen Konzept wurde die Währung sehr populär. Sie kann nicht „gemined“ werden, sondern operiert mit einem ganz neu geschaffenen Konsensalgorithmus, der die Transaktionen validiert (*dubbed federated byzantine agreement*). Firmen wie Paypal, Wells Fargo und IBM bringen sich als Mitbetreiber dieses Systems ein.[148]

Anfang 2018 gelang es Hackern, 400.000 Dollar in der virtuellen Währung Stellar Lumens von Blackwallet, einem Betreiber von webbasierten digitalen Geldbörsen, zu stehlen. Dies illustriert, dass die Angriffe nicht notwendigerweise auf die Blockchain oder die Smart Contracts stattfinden, sondern auch im näheren Umfeld der Kryptowährungen – hier in den Kryptowallets – Erfolg haben können.

Filecoin (FIL)

Filecoin ist eine dezentrale, cloudbasierte Blockchain mit einer beigeschlossenen Kryptowährung, deren Kapitalisierung Mitte April 2021 über 10 Milliarden Euro betrug. In einem der erfolgreichsten ICOs des Jahres 2017 konnte der Erfinder der Währung, Juan Benet, mit seiner Firma Protocol Labs über 150 Millionen Euro von Investoren lukrieren. Er positionierte das System als eine Art Dropbox im Crypto-Space, das mit dem InterPlanetary File System (IPFS) arbeitet.[149]

Nachdem die chinesischen Behörden bekannt gegeben hatten, dass sie die Benutzung von verteilten Systemen wie Filecoin wegen des Verkaufs von illegalen Anlageprodukten ab 1. Mai 2021 verbieten würden, kam es zu einem signifikanten Kurseinbruch.

Dogecoin (DOGE)

Diese Kryptowährung wurde vor allem durch Tesla-Gründer Elon Musk bekannt, der sie für kurzfristige Geldanlagen und Gewinnmitnahmen benutzt, und ihren Kurs über Twitter-Meldungen hochtrieb. Die Erfinder wollten ein Zahlungssystem schaffen, das nicht die hohen herkömmlichen Bankgebühren verrechnete, und versahen es mit dem Logo eines Hunde-Memes. Allein zwischen Anfang April und dem 14. April, dem Tag, an dem Coinbase an die Börse ging, stieg der Wert von Dogecoin um 440 Prozent, die Kapitalisierung auf fast 34 Milliarden Euro.

Technisch ist die Dogecoin-Blockchain ähnlich der Litecoin aufgebaut. Derzeit sind 100 Milliarden Währungseinheiten im Umlauf, und jedes Jahr kommen im Wege des Schürfens weitere 5 Milliarden hinzu, sodass sich die Umlaufmenge in 26 Jahren verdoppeln wird.

Ripple (XRP)

Das Zahlungsnetzwerk Ripple wurde 2012 gegründet und ist mit der Kryptowährung XRP verbunden, die nicht auf einer Blockchain basiert, sondern auf einem zentralen Register, in dem Verbindlichkeiten und Guthaben gespeichert werden. So können zwischen den Teilnehmern Zahlungen durchgeführt werden. Diese IOUs („I owe you“ - Ausdruck für Schuldscheine) können auf der Ripple-Plattform auch in verschiedene Fiat-Währungen umgetauscht werden.

Die Ripple Labs bieten verschiedene Produkte an, um ihre Kryptowährung XRP im Wert steigen zu lassen:

- xVia ermöglicht Unternehmen Zahlungen in verschiedenen Währungen mittels einfachem API mit transparenter Information über den Zahlungsstatus.
- xRapid ist ein Zahlungsanbieter, der hilft, die Liquiditätskosten für Finanzinstitute zu minimieren.
- xCurrent ermöglicht Banken die grenzüberschreitende Durchführung von Zahlungen und die Transaktionsstatusinformation in Echtzeit.

Ein wichtiger Kunde der Firma ist die spanische Banco Santander, die Ripple im Bereich des Auslandszahlungsverkehrs einsetzt.

Kritik an Ripple gab es vor allem wegen eines Gerichtsverfahrens, in dem die amerikanische Börsenaufsicht geklagt hatte, weil sie die Firma zuständigkeitshalber unter ihre Aufsicht stellen wollte. Neuerdings sieht es danach aus, dass Ripple dieses Verfahren gewinnen könnte. Allerdings gibt es in diesem Zusammenhang immer wieder Unwägbarkeiten, die zu Kursturbulenzen bei der Kryptowährung XRP führen.

IOTA (MIOTA)

IOTA ist eine nicht auf der Blockchain-Technologie basierende Kryptowährung. Sie arbeitet auf dem Prinzip eines Netzwerks von digital signierten Transaktionen, die Bestätigungsmechanismen zueinander aufbauen. Dieses Netzwerk wird als „Tangle" (Gewirr) bezeichnet und eignet sich wegen seiner Schnelligkeit sehr gut für Transaktionen im Bereich des ↗Internets der Dinge (IoT), bei denen in Sekundenschnelle Millionen Systeme miteinander kommunizieren. Diese Möglichkeiten waren auch ausschlaggebend für die Namensgebung IOTA (Internet of Things Alliance).

Die von der Berliner IOTA-Stiftung betriebene Kryptowährung hatte Mitte April 2021 eine Kapitalisierung von ca. 4 Milliarden Euro. Nach einer großen Cyberattacke auf IOTA-Wallets im Jahr 2016 wurde das verbesserte Chrysalis-Protokoll entwickelt, das im April 2021 in Produktion gebracht wurde.[150]

Es gibt sehr unterschiedliche und vielversprechende Anwendungen des IOTA-Protokolls:

– BMW Korea testet eine Prämienplattform auf Basis der IOTA-Technologie, bei der von den Autobesitzern Punkte gesammelt werden können, die diese gegen Werkstattbesuche und andere Leistungen einlösen können.[151]

- Während der Corona-Krise wurde am Frankfurter Flughafen eine auf IOTA basierende Anwendung zum Einsatz gebracht, die COVID-19-Testergebnisse verwaltete.[152]
- Immer wieder genannt werden auch Anwendungen für den Haushalt, wo beispielsweise ein Kühlschrank automatisch fehlende Waren bestellen und über IOTA abrechnen kann.

Monero (XMR)

Im Jahr 2014 entstand Monero als Abspaltung (*Fork*) von Bitcoin. Monero gilt als *Privacy Coin* und zählt damit zu einer Kategorie von Kryptowährungen mit besonderen Sicherheitsfeatures, gemeinsam mit Dash, Zcash, Beam und Grin. Basierend auf der Bitcoin-Blockchain wurden für Monero technische Zusatzfunktionen entwickelt, die Benutzern zu großer Diskretion verhelfen. Während man bei Bitcoin bei Kenntnis der öffentlichen Wallet-Adresse eines Benutzers uneingeschränkt einsehen kann, wie viele Bitcoins sich in einer Wallet befinden, ist dies bei Monero nicht möglich. Überdies werden Transaktionen auf einem nicht rückverfolgbaren Weg durchgeführt. Zusätzlich wurde eine Verschleierungsmöglichkeit geschaffen (*ring signature*), mit der die Transaktionsinformationen mit denen anderer Monero-Transaktionen zufällig in einer Transaktionsliste geführt werden. All das hat zum Ziel, dass durch Analysetools keine Verbindung zwischen Sender und Empfänger hergestellt werden kann.

Monero hat Mitte April 2021 eine Kapitalisierung von ca. 15 Milliarden Euro erreicht und ist immer wieder im Zentrum großer Kritik, da die Währung gerne für Transaktionen auf den fast 20.000 Darknet-Handelsplätzen verwendet wird.

In einem EUROPOL-Bericht aus dem Jahr 2019 wird festgehalten:

> *„Nutzer von Kryptowährungen wie Dash oder Monero, die sich auf Privatsphäre fokussieren, können anonym bleiben, solange sie nicht mit einer Krypto-Börse in Verbindung treten oder ihre Bestände mit einem Wallet-Anbieter teilen."*[153]

Electroneum (ETN)

Im Reigen der interessanten Entwicklungen soll hier noch das englische Startup Electroneum vorgestellt werden, das eine App für arme Menschen entwickelt hat, die kein eigenes Bankkonto besitzen und daher weder bargeldlos bezahlen noch digitale Gelegenheitsarbeiten annehmen können. Und wer einen kleinen Laden führt, lebt überdies immer in der Angst vor Dieben, die es auf das Bargeld abgesehen haben.

Für den Geldtransfer wird die Kryptowährung ETN angeboten, die derzeit eine Kapitalisierung von ca. 300 Millionen Euro aufweist.[154]

– 10.2. –

Die wertvollsten FinTechs der Welt

Zum Jahresanfang 2021 wurden die folgenden Firmen als die zehn wertvollsten FinTechs betrachtet:

1. Ant Group

Schätzwert:	168 Milliarden Euro
Umsatz:	14,5 Milliarden Euro (2019)
Gewinn:	2 Milliarden Euro (2019)
Mitarbeiter:	16.660
Gegründet:	2014
Land:	China

Die Ant Group entstand im Jahr 2014 aus AliPay, einem Tochterunternehmen der Alibaba Group. Neben dem Zahlungsverkehrsdienstleister AliPay gehören zu diesem Unternehmen auch der drittgrößte Geldmarktfonds der Welt, Yu'e Bao, die Kreditrating-Plattform Sesame Credit und der Identitäts-Softwarehersteller ZOLOZ.

Eine Milliarde Menschen nutzen jedes Jahr die AliPay App, mit der neben Zahlungen auch das persönliche Finanzmanagement, der Abschluss von Versicherungen, Bestellungen in Restaurants und von Taxis abgewickelt werden können.

Die chinesische Regierung verhinderte im letzten Moment den Börsengang, der für den 5. November 2020 geplant war, und der 250 Milliarden Euro an Marktkapitalisierung generieren sollte. Inzwischen wird der Firmenwert von internationalen Investoren auf ca. 168 Milliarden Euro geschätzt.

Der Fall der Ant Group und das zwischenzeitliche Verschwinden und Wiederauftauchen von Gründer Jack Ma zeigt, dass in China an den regulatorischen Rahmenbedingungen für FinTechs noch ganz massiv gearbeitet wird.

2. Square

Börsenwert:	98 Milliarden US-Dollar (April 2021)
Umsatz:	7,8 Milliarden Euro
Gewinn:	177 Millionen Euro
Mitarbeiter:	3.835
Gegründet:	2009
Land:	USA

Der Zahlungsverkehrsdiensteanbieter ist an der New York Stock Exchange mehr wert als die arrivierten Firmen Paypal oder Visa, obwohl Square nur in Australien, Kanada, Japan, den USA und Großbritannien auf dem Markt ist und nicht weltweit agiert.

Square betreibt eine eigene Plattform namens Cash App und verfügt mit Square Capital über eine konzerninterne Bank, die Kredite an Unternehmen vergibt.[155]

3. Stripe

Schätzwert: 80 Milliarden Euro[156]
Umsatz: 2 Milliarden Euro (2020)
Mitarbeiter: 2.500
Gegründet: 2011
Land: USA

Der Zahlungsverkehrsdienstleister Stripe, in den seriöse Firmen wie Sequoia Capital, Andreessen Horowitz, General Catalyst, Goldman Sachs und Tiger Global Management fast 2 Milliarden Euro investiert haben, hat seine Bewertung innerhalb eines Jahres fast verdreifacht.

Gerade die Corona-Pandemie hat zu einem Geschäftszuwachs von fast 50 Prozent im Bereich Online-Shopping geführt, da viele Konsumenten dazu regelrecht gezwungen wurden.

Stripe operiert in 42 Ländern der Welt (davon 31 in Europa) und bietet seit Dezember 2020 auch Banken-Dienstleistungen in Kooperation mit Barclays, Goldman Sachs, der Citigroup und der Evolve Bank & Trust an.

4. Coinbase

Börsenwert 58 Milliarden US-Dollar
Umsatz: 946 Millionen Euro (2020)
Gewinn: 27 Millionen Euro (2020)
Mitarbeiter: 1.249
Gegründet: 2012
Land: USA

Coinbase ist ein amerikanisches Unternehmen, das eine Plattform für den Handel mit Kryptowährungen herstellt. Im Vorfeld des für 14. April 2021 geplanten Börsengangs verzehnfachten sich die Transaktionen auf der Plattform im Gefolge des Bitcoin-

Hypes. Die Plattform verfügt über 43 Millionen Benutzer und ist damit die größte Kryptobörse der Welt.[157]

5. Adyen

Börsenwert:	51 Milliarden US-Dollar (April 2021)
Umsatz:	684 Millionen Euro
Gewinn:	261 Millionen Euro
Mitarbeiter:	16.660
Gegründet:	2006
Land:	Niederlande

Der niederländische Zahlungsdienstleister konnte im Jahr 2020 sein Geschäft auf Transaktionen im Wert von über 300 Milliarden Euro steigern (+26 Prozent).

6. Palantir

Börsenwert:	36 Milliarden Euro (April 2021)
Umsatz:	1,1 Milliarden Euro (2020)
Mitarbeiter:	2.500
Gegründet:	2003
Land:	USA

Die Big-Data-Firma Palantir hat im Jahr 2020 ihren Umsatz um 46 Prozent auf über eine Milliarde Euro gesteigert und war an der New York Stock Exchange im April 2021 fast 36 Milliarden Euro wert.

7. Klarna

Wert: 25 Milliarden Euro
Mitarbeiter: 3.500
Gegründet: 2005
Land: Schweden

Klarna ist Europas bestbewertetes FinTech und hat bereits 90 Millionen Nutzer - mit den Hauptmärkten Deutschland und USA. Die größten Konkurrenten sind Paypal, Square und klassische Kreditkartenfirmen. Klarna ermöglicht Kunden, dass sie Produkte kaufen und erst später in vier zinsfreien Raten bezahlen. Dafür konnten Händler wie H&M, Adidas und Abercrombie & Fitch gewonnen werden, die die Finanzierungskosten dieser Bezahloption durch Preisreduktionen abdecken.

8. Paytm

Schätzwert: 16 Milliarden US-Dollar
Umsatz: 423 Millionen Euro (2019)
Verlust: 360 Millionen Euro (2019)
Mitarbeiter: 5.000
Gegründet: 2010
Land: Indien

Paytm ist ein indisches Unternehmen, an dem die Ant Group als wichtiger Investor beteiligt ist. Die Firma stellt eine eigene digitale Geldbörse für Smartphones her und betreibt ein Zahlungsverkehrssystem in Indien mit 7 Millionen Händlern und mehr als 350 Millionen Kunden.

9. Chime

Schätzwert:	12 Milliarden Euro (September 2020) [158]
Umsatz:	166 Millionen Euro
Mitarbeiter:	230
Gegründet:	2013
Land:	USA

Chime ist eine von Wells Fargo 2013 gegründete amerikanische Digitalbank, in die Coatue Management, General Atlantic, DST Global, Dragoneer Investment Group und Menlo Ventures fast 850 Millionen Euro investiert haben. Die ca. 10 Millionen Kunden werden über eine gebührenfreie App betreut.

10. Robinhood

Schätzwert:	9,6 Milliarden Euro
Umsatz:	566 Millionen Euro
Mitarbeiter:	1.281
Gegründet:	2013
Land:	USA

Robinhood ist eine Handelsplattform mit mehr als 10 Millionen Kunden, die eine sehr benutzerfreundliche App herausgibt. Die Firma hatte während der COVID-19-Krise einen regen Zulauf junger Kunden. Immer wieder gibt es allerdings Probleme mit der mangelnden Aufklärung von Kunden.

Anmerkung: Wie man sieht, befindet sich keine Firma aus dem deutschsprachigen Raum unter den Top-10-FinTechs der Welt. Wirecard hätte es zur Zeit der höchsten Börsenkapitalisierung kurz unter die Top 10 geschafft.

– 10.3. –

Warnsignale – *Red Flags* bei FinTechs

Jedem Anleger und Kunden von FinTechs kann nur ans Herz gelegt werden, Warnsignale im Hinblick auf die Unternehmen zu beachten und auch grundsätzlich selbst eine nach Maßgabe der eigenen Möglichkeiten umfangreiche Bewertung vorzunehmen.

Auch FinTechs sind ganz normale Unternehmen, die nach betriebswirtschaftlichen Kriterien funktionieren und keine Ausnahmeposition in der Wirtschaft haben. Daher ist in folgenden Fällen Misstrauen angebracht:

1. Unklarer Unternehmenszweck oder Mehrwert

Neue Unternehmen, die in einem heiß umstrittenen Markt tätig sind, sollten einen klar erkennbaren Mehrwert mitbringen, der ihre Vorteile gegenüber der Konkurrenz erklärt. Gibt es diesen nicht, ist irgendwann das Kapital aufgebraucht und das Geschäft dahin. Ähnlich verhält es sich bei Unternehmen, die ihr eigentlich besonderes Thema nur als Nebengeschäft betreiben. Hier gilt es nachzufragen, welchen Anteil denn dieses Nebengeschäft am Gesamtgeschäft überhaupt hat.

2. Top-Management ohne Erfahrung außerhalb der Firma

Wenn das Management aus lauter unerfahrenen Personen besteht, die möglicherwiese auch nur in dieser einen Firma tätig waren, geht damit das Risiko einher, dass ein von außen kommendes Korrektiv fehlt und durch mangelnde Erfahrung der Unternehmensleitung Fehler begangen werden.

3. Top-Management ohne (geeignete) Ausbildung

Auch für FinTech-Startups ist es hilfreich, eine gute Ausbildung zu haben. Fehlt diese im Management, können Qualitätsprobleme bei wichtigen Entscheidungen auftreten.

4. Hohe Schuldenlast und schwankende Geschäftszahlen

Unternehmen, die eine hohe Schuldenlast haben, stellen häufig den Vertriebserfolg in den Vordergrund, um aus dem Cashflow ihre Kredite zu bedienen. Das ist kein langfristig mögliches Geschäftsmodell, vor allem wenn Misserfolge passieren und Kredite fällig gestellt werden. Vorsicht ist auch bei Firmen geboten, die plötzlich unerklärliche Umsatzsprünge vermelden. Hier sollte klar hinterfragt werden, ob die Entwicklung konjunkturbezogen, projektbezogen oder einfach ganz unerklärlich ist. Das gilt auch für mittel- bis langfristige, schwer erklärbare Umsatzveränderungen.

5. Kein Gewinn oder Gewinntricks

Ähnliches gilt für Unternehmen, die auch nach einer langen Anlaufphase keine Gewinne abwerfen. Nur in wenigen Fällen schaffen sie später den Turnaround. Ähnliches gilt für Organisationen, deren Gewinn nicht aus dem eigentlichen Kerngeschäft, sondern beispielsweise aus riskanten Treasury-Deals kommt. Bleiben diese aus, geht es abwärts.

6. Starke, nicht formalisierte Unternehmensorganisation

Wenn Unternehmen wie Stammeskulturen oder Sekten organisiert sind, ist es schwierig, objektive Gründe für Entscheidungen auszumachen. Bei großen Firmen sind überwiegend informelle Organisationsstrukturen - an den offiziell publizierten Strukturen vorbei - meist sehr schädlich.

7. Beförderungen rein nach dem Loyalitätsprinzip

Ähnlich problematisch sind Strukturen, in denen Beförderungen nur nach bestimmten Loyalitätseinschätzungen und nicht objektiv erklärbar vor sich gehen. So entsteht eine Bevorzugung von Duckmäusern und Heimlichtuern, was nichts mit einer kompetitiven Unternehmensorganisation zu tun hat.

Schlechte IT-Systeme (vor allem im Finanzbereich)

Unternehmen ohne gute ↗CRM- und ↗ERP-Systeme werden vom Top-Management häufig über manuell erstellte Berichte

(Excel-Spreadsheets) geführt. So einfach das ist, so manipulierbar ist es auch.

8. Mangelnde Integrität, Ethik und Compliance

Das Fehlen von Integrität und ethischen Grundlagen kennzeichnet Unternehmenskulturen, in denen systemische Risiken nicht erkannt werden können. Beispielsweise werden Compliance-Erkenntnisse nicht ernst genommen oder kommen gar nicht erst zustande.

Das Fehlen von Whistleblower-Systemen und eines gesamthaften internen Kontrollsystems sind häufig Indizien für die zu starke Fokussierung auf das operative Geschäft oder aber sogar den Versuch, kleinere oder größere Schwachstellen zu verbergen.

9. Am Gängelband von Politikern oder Lobbyisten

FinTechs, die eine starke Nähe zu Politikern oder Lobbyisten aufweisen, sind mit Vorsicht zu genießen, da möglicherweise ihre mediale Präsentation stark durch diese Personengruppen beeinflusst wird. Dadurch kann eine Fata Morgana kreiert werden, hinter der sich nur Wüstensand verbirgt.

– 11 –

Glossar

ACH (Automated Clearing House) – Das primäre Transaktionsnetzwerk, das in den USA für den Inlandszahlungsverkehr benutzt wird.

Akquirer – Ein Akquirer ist meist eine Bank, die mit einem Händler durch Kunden ausgeführte Kartenzahlungen abrechnet.

ATM – Automated Teller Machine (Bankomat).

Augmented Reality (AR) – Technologie, die eine „erweiterte" Realitätswahrnehmung ermöglicht, indem in Bilder oder Videos Zusatzinformationen eingeblendet werden.

BACS – „Banker's Automated Clearing System"; das Hauptnetzwerk für Zahlungsverkehrstransaktionen in Großbritannien.

BaFin – Deutsche Bundesanstalt für Finanzdienstleistungsaufsicht.

Big Data – Die Auswertung von Massendaten mithilfe von Rechentechnologien.

Blockchain – Eine Technologie, die 2008 rund um die Kryptowährung Bitcoin entstanden ist und die dezentrale, verschlüsselte und unveränderbare Speicherung von Transaktionsdaten ermöglicht.

Chatbot – Virtueller Kommunikationsassistent, der in einem Chat den menschlichen Gesprächspartner ersetzt.

CIPS – Cross-Border Inter-Bank Payment System in China, das auf der chinesischen Währung Renminbi basiert.

Compliance – Die Einhaltung von gesetzlichen Regeln und organisationsinternen Vorschriften.

Community Innovation Hub – Gemeinschaft von Menschen,

die sich laufend zusammenfinden und einander dabei unterstützen, große Veränderungen vorzunehmen oder gemeinsam Erfindungen zu machen.

CRM – Customer Relationship Management, in dem die Kundendaten eines Unternehmens verwaltet werden.

Darknet – Die Anonymisierungs- und Verschlüsselungstechnologie des Dark Web.

Dark Web – Der Teil des Deep Web, der durch den Tor-Browser oder ähnliche Vorrichtungen erreichbar ist.

Debitkarte – Eine Karte, die man an einem Geldausgabeautomaten oder ↗POS-Terminal verwenden kann. Umsätze werden sofort und direkt von dem mit der Karte verbundenen Konto abgebucht.

Deep Learning – Eine Technologie, die das menschliche Lernen algorithmenbasiert imitiert.

Ernst & Young – Großes amerikanisches Wirtschaftsprüfungs- und Beratungsunternehmen.

ERP-Systeme – Enterprise Resource Planning-Systeme; professionelle IT-Systeme, die wirtschaftliche Daten von Unternehmen verwalten.

Fiat-Geld – Bezeichnung für „echtes" Geld in einer staatlich anerkannten Währung. „Fiat" stammt aus dem Lateinischen und bedeutet „es werde" oder „es geschehe". Damit ist gemeint, dass für den Wert des Geldes das Vertrauen in eine Regierung oder Zentralbank notwendig ist, da ihr kein eigener Wert in Form von wertvollen Materialien innewohnt.

FinCEN-Files – Veröffentlichungen aus einem Datenleck der amerikanischen Geldwäschebekämpfungsbehörde FinCEN (Financial Crimes Enforcement Network).

Geldwäsche – Verfahren der Einschleusung von illegal erwirtschaftetem Geld bzw. von illegal erworbenen Vermögenswerten in den legalen Finanz- und Wirtschaftskreislauf.

Giralgeld – Bankguthaben, die jederzeit in Bargeld umgewandelt werden können.
Goldstandard – Währungsordnung, bei der die Währung aus Banknoten besteht, die einen Anspruch auf Gold repräsentieren und in Gold eingetauscht werden können.
Halving – Dieser Ausdruck stammt aus dem Bereich der Bitcoin und bedeutet, dass der Nachschub von neuen Coins durch das Schürfen auf die Hälfte vermindert wird. Auch die Miner erhalten nur mehr die Hälfte der Einkünfte pro geschürftem Block. Dieser Vorgang passiert alle vier Jahre oder wenn 210.000 Blöcke erreicht sind, und endet, sobald die Höchstzahl von 21 Millionen Bitcoins erreicht ist.
Hashing – Ein kryptografischer Prozess, der dazu genutzt werden kann, die Authentizität und Integrität verschiedener Datentypen zu validieren. Diese Verfahren finden im Bereich von Kryptowährungen Anwendung.
Initial Coin Offerings (ICO) – „Digitale" Börsengänge, bei denen eine neue Kryptowährung, eine eigene „Coin" emittiert wird.
Internet of Things (IoT) – auch „Internet der Dinge" oder „Internet 4.0"; an das Internet angeschlossene Geräte, die keine Computer oder Smartphones sind (z.B. Kameras, Sensoren von Raumautomationssystemen, Garagentoröffner).
KPMG – Großes amerikanisches Wirtschaftsprüfungs- und Beratungsunternehmen.
Krypto-Asset – Nachfolgebegriff von Kryptowährung; eine von Privaten herausgegebene Währung, die mittels kryptografischer Verfahren abgesichert ist.
Kryptografie – Die Wissenschaft von der Verschlüsselung von Informationen. Im Bereich der Informationstechnologie befasst sich die Kryptografie mit der Konzeption und Entwicklung von Systemen, die widerstandsfähig gegen Manipulation und unbefugte Eingriffe sind.
Kryptowährung – Digitale Zahlungsmittel, die auf kryptografischen Werkzeugen wie Blockchains basieren.

Lochkarte – Aus hochwertigen Kartons gefertigte Datenträger, auf denen Lochmuster eingestanzt wurden, die von Maschinen ausgelesen werden konnten. Sie wurden am Ende des 18. Jahrhunderts erfunden und vor allem von Herman Hollerith, dem Gründer einer Vorläuferfirma von IBM, für die Errechnung der Ergebnisse der amerikanischen Volkszählung eingesetzt.

POS – Point of Sale; Verkaufsstellen, die sich direkt am Ort einer Transaktion (z.B. bei der Kasse eines Geschäfts) befinden.

Prepaid-Debitkarten – Mit Geld befüllte Debitkarten, die einer Person zur Verwendung übergeben werden.

Near Field Communication (NFC) – Eine Technologie, die aus unmittelbarer Näher heraus einen Chip aufruft, der sich in einem Telefon oder einer Karte befindet, um den jeweiligen Kunden zu identifizieren.

NFT (Non-Fungible Token) – ein Token, der fest an einen einzigartigen Gegenwert geknüpft ist. Dieser kann nicht wie ein Token einer Kryptowährung gegen eine beliebige Leistung eingetauscht werden, sondern gilt nur für einen individuell festgelegten Gegenwert, z.B. für ein digitales Kunstwerk. Ein Non-Fungible Token kann damit als digitaler Eigentumsnachweis fungieren.

Series A Financing – Die erste Finanzierungsrunde für Firmen, die Risikokapital einsammeln, nachdem das Geschäft nach dem Seed Funding angelaufen ist. Der Preis für Anteile ist zumeist recht niedrig, das Risiko hoch.

Series B Financing – Die zweite Finanzierungsrunde für Firmen, die Risikokapital einsammeln. Üblicherweise findet eine solche Runde erst statt, wenn die Firma schon gewisse in der Runde A definierte Meilensteine erreicht hat. Der Preis für Anteile ist höher als in der ersten Runde.

Series C Financing – Die dritte Finanzierungsrunde für Firmen, die Risikokapital einsammeln.

SHA-256 – Eine kryptologische ↗Hashfunktion, die „kollisionsresistent“ ist. Es ist praktisch nicht möglich, zwei unterschied-

liche Eingabewerte zu finden, die einen identischen Hashwert ergeben.
Shortseller – Börse-Spekulanten, die Wetten (Optionen) auf fallende Kurse abschließen.
SPFS – Russische Abkürzung für Система передачи финансовых сообщений – System für die Abwicklung von Finanztransaktionen.
SSL-Zertifikat – Dieses Zertifikat kann von vielen Anbietern im Internet erworben werden, um die verschlüsselte Übertragung von Daten über das Internet zu betreiben.
Stablecoin – Kryptowährungen, die eine fixe Bindung an eine Fiat-Währung oder einen Währungskorb haben (z.B. die USD-Coin an den US-Dollar).
SWIFT – Society for Worldwide Interbank Financial Telecommunication; das weltweit wichtigste Netzwerk für die Übermittlung von Zahlungsverkehrsdaten.
Token – Im Sinne der Cyber Security bezeichnet man mit Token spezielle kleine Sicherheitsgeräte mit einem Display, die auf elektronischem Weg ein Einmalpasswort zur Authentifizierung zur Verfügung stellen. Im Bereich der Krypto-Assets werden mit Token virtuelle Anteile an Projekten bezeichnet, die im Rahmen von ↗ICOs entstehen.
Venture Capital – Privates Wagniskapital, das im Bereich der Finanzierung von Forschung und Entwicklung von Technologien eine große Rolle spielt.
Virtual Reality (VR) – eine von Computersystemen generierte Umgebung, in der eine künstliche Realität dargestellt ist.
Wallet oder Krypto-Wallet – eine elektronische Geldbörse, in der eine oder mehrere Kryptowährungen gespeichert werden können. Solche Geldbörsen können im Rahmen des Angebots einer Krypto-Handelsplattform in der Cloud existieren, am Desktop eines Computers installiert werden oder in Form von Hardware-Wallets auf einer eigenen Hardware gespeichert sein.
↗WAP – Wireless Application Protocol; eines der ersten Proto-

kolle, mit denen Daten über GSM-Funknetzwerke auf Mobiltelefone übertragen werden konnten.

Whistleblower – Personen, die kriminelle, unethische Vorgänge oder Missstände in Organisationen und Unternehmen anonym melden. In der deutschen Sprache werden dafür die Begriffe „Hinweisgeber" oder „Informationsgeber" verwendet. Man vermutet, dass der Begriff vom englischen ***to blow a whistle*** stammt, was so viel wie das Aufdecken von Fehlverhalten bedeutet.

WHOIS – Ein Internet-Dienst, über den man die Inhaber und Betreiber von Webseiten finden kann.

Anmerkungen

1 **Andersen, Hans-Christian**:
Des Kaisers neue Kleider.
Reclam-Verlag, 1986. S. 1 ff.

2 **Engert, Marcus**:
OneCoin konnte Milliarden stehlen, obwohl Banken die Behörden informiert hatten.
In: Buzzfeed News, 26. September 2020
www.buzzfeed.com/de/marcusengert/onecoin-banken-fincenfiles, abgerufen am 15. November 2020

3 **US-Justizministerium**:
Anklage gegen Dr. Ruja Ignatova, 6. Februar 2018
www.justice.gov/usao-sdny/press-release/file/1141981/download

4 **Himmelheber, Martin**:
Die Cryptoqueen aus Schramberg.
In: Neue Rottweiler Zeitung, 22. Mai 2020
www.nrwz.de/artikel/die-crypto-queen-aus-schramberg/264547

5 **Leogrande, Jörn**:
Bad Company: Meine denkwürdige Karriere bei der Wirecard AG 2021: Penguin Verlag, S. 222

6 **Onvista.de**:
Wo wird die Wirecard-Aktie in 3 Jahren stehen?
3. Juni 2020
www.onvista.de/news/wo-wird-die-Wirecard-aktie-in-3-jahren-stehen-365425749

7 **APA OTS**:
Wirecard und Raiffeisen Bank International bieten umfangreiche Finanzdienstleistungen aus einer Hand in Zentral- und Osteuropa, 19. Februar 2020
www.ots.at/presseaussendung/OTS_20200219_OTS0005/Wirecard-und-raiffeisen-bank-international-bieten-umfangreiche-finanzdienstleistungen-aus-einer-hand-in-zentral-und-osteuropa

8 **Leogrande, Jörn:**
Bad Company: Meine denkwürdige Karriere bei der Wirecard AG 2021: Penguin Verlag, S. 231

9 **Maier, Michael**:
Wirecard: Die Frau, die die Verbrecher an ihrer empfindlichsten Stelle traf.
In: Berliner Zeitung, 6. März 2021
www.berliner-zeitung.de/wirtschaft-verantwortung/Wirecard/Wirecard-die-frau-die-die-verbrecher-an-ihrer-empfindlichsten-stelle-traf-li.144311

10 **Weiguny, Bettina**:
Polizei räumt Marsalek-Villa in München.
In: Frankfurter Allgemeine Zeitung. 31. Oktober 2020
www.faz.net/aktuell/wirtschaft/unternehmen/Wirecard-skandal-polizei-raeumt-villa-von-jan-marsalek-17029430.html, aberufen am 14. November 2020

11 vgl. Justizvollzugsanstalt Augsburg-Gablingen:
Kurzübersicht, S. 5
www.justiz.bayern.de/media/pdf/augsburg_2019.pdf

12 Stellungnahme von Fabio De Masi vom 4. August 2021

13 Pressetext Austria:
IBM vor Einstieg bei YLine, 1. Oktober 2020
www.pressetext.com/news/20001001006

14 Horizont:
Gratis-PCs für alle, 9. März 2000
www.horizont.at/digital/news/yline-gratis-pcs-fuer-alle-28726

15 Der Standard:
YLine startet WAP-Gateway, 16. Februar 2000
www.derstandard.at/story/165757/yline-startet-wap-gateway

16 Pressetext Austria:
Handel und Einkauf via Handy, 4. Februar 2000
www.pressetext.com/news/handel-und-einkauf-via-handy.html

17 ebd.

18 Leogrande, Jörn:
Bad Company: Meine denkwürdige Karriere bei der Wirecard AG 2021: Penguin Verlag, S. 55

19 FMA:
Kontaktstelle FINTECH
www.fma.gv.at/kontaktstelle-fintech-sandbox/fintechnavigator/kontaktstelle-fintech/

20 Weinberger, Sharon:
Techie Software Soldier Spy Palantir, Big Data's scariest, most secretive unicorn, is going public.
In: Intelligencer, 28. September 2020; eigene Übersetzung
nymag.com/intelligencer/2020/09/inside-palantir-technologies-peter-thiel-alex-karp.html

21 Cozine, Elizabeth:
Mastercard Launches Augmented Reality Experience to Bring Card Benefits to Life, 8. Januar 2020
www.mastercard.com/news/press/press-releases/2020/january/mastercard-launches-augmented-reality-experience-to-bring-card-benefits-to-life/

22 Nakamoto, Satoshi:
Bitcoin P2P e-cash paper, 13. November 2008
www.metzdowd.com/pipermail/cryptography/2008-November/014849.html; eigene Übersetzung

23 Manager Magazin:
Bitcoin in Grün, 7. Mai 2021
www.manager-magazin.de/finanzen/boerse/chia-network-neue-kryptowaehrung-will-bitcoin-in-gruen-sein-a-c854ac15-9d16-498c-b90c-eab05e28485c

24 Austria Presse Agentur:
OTS: Wiener Städtische revolutioniert mit Blockchain das Versicherungsgeschäft, 25. Februar 2021
www.ots.at/presseaussendung/OTS_20210225_OTS0054/wiener-staedtische-revolutioniert-mit-blockchain-das-versicherungsgeschaeft

25 Nikolic, Ivica; Kolluri, Aashish; Sergey, Ilya; Saxena, Prateek; Hobor, Acquinas:
Finding The Greedy, Prodigal, and Suicidal Contracts at Scale, März 2018
arxiv.org/pdf/1802.06038.pdf

26 www.cnbc.com/2016/05/17/automated-company-raises-equivalent-of-120-million-in-digital-currency.html

27 IBM:
Preisstruktur für IBM Blockchain Platform for IBM Cloud, abgerufen am 25. Februar 2021
cloud.ibm.com/docs/blockchain?topic=blockchain-ibp-saas-pricing

28 BBC:
What are NFTs and why are some worth millions? 12. März 2021
www.bbc.com/news/technology-56371912

29 Moneymuseum.com:
Reich wie Kroisos
www.moneymuseum.com/de/archiv/reich-wie-kroisos-344?&slbox=true

30 International Monetary Funds:
Currency Composition of Official Foreign Exchange Reserve, Q4 2020
data.imf.org/?sk=E6A5F467-C14B-4AA8-9F6D-5A09EC4E62A4

31 EUR-Lex:
Der Zugang zum EU-Recht. Vertrag über die Arbeitsweise der Europäischen Union (AEU-Vertrag), Artikel 128
eur-lex.europa.eu/legal-content/DE/TXT/HTML/?uri=CELEX:12016ME/TXT&from=DE

32 Graf, Sandro:
Warum die Schweizer lieber ein Nötli zücken.
In: SRF, 12. Mai 2019
www.srf.ch/news/schweiz/bargeld-loses-zahlen-warum-die-schweizer-lieber-ein-noetli-zuecken

33 EHI:
1 Milliarde weniger Einkäufe mit Bargeld, 4. November 2020
www.ehi.org/de/pressemitteilungen/1-milliarde-weniger-einkaeufe-mit-bargeld/

34 Forbes:
Das Geld auf der Welt, 6. November 2019
www.forbes.at/artikel/das-geld-auf-der-welt.html

35 Congress.Gov:
Banking for All Act, 23. März 2020
www.congress.gov/bill/116th-congress/senate-bill/3571/text

36 Zhou, Winni; Galbraith, Andrew:
JD.com becomes first online platform to accept China's digital currency, 5. Dezember 2020
www.reuters.com/article/us-china-yuan-digital-idUSKBN28F0A4

37 Europäische Zentralbank:
Welche Vorteile hätte ein digitaler Euro?
www.ecb.europa.eu/euro/digital_euro/html/index.de.html

38 Stottmeyer, Marlen:
Wie der „Digital Euro" die Geldwelt verändert.
In: Die Presse, 31. Mai 2021
www.diepresse.com/5987380/wie-der-digital-euro-die-geldwelt-verandert

39 Riksbank:
The Riksbank's e-krona pilot, Februar 2020
www.riksbank.se/globalassets/media/rapporter/e-krona/2019/the-riksbanks-e-krona-pilot.pdf; eigene Übersetzung

40 Tunesische Zentralbank BCT, Presseaussendung am 12. November 2019
www.bct.gov.tn/bct/siteprod/actualites.jsp?id=638

41 Finextra:
Senegal to get bank-backed digital currency, 4. November 2016
www.finextra.com/pressarticle/66945/senegal-to-get-bank-backed-digital-currency

42 Vgl. Diem Association: FAQ
www.diem.com/en-us/learn-faqs/#questions

43 Presseaussendung der Erste Group dazu vom 23. Oktober 2018
www.erstegroup.com/de/news-media/presseaussendungen/2018/10/23/papierlose-ssd-blockchain

44 Presseaussendung von JP Morgan vom 1. Februar 2021:
J.P. Morgan Creates Digital Coin for Payments

www.jpmorgan.com/solutions/cib/news/digital-coin-payments

45 Vgl. Steinbrenner, Barbara:
Nach Wirecard-Insolvenz: Swatch Pay startet mit Erste Bank neu.
In: Die Presse, 8. Oktober 2020
www.diepresse.com/5879102/nach-Wirecard-insolvenz-swatch-pay-startet-mit-erste-bank-neu

46 Bilal, Jafar:
China's Cryptocurrency Mining Dominance in Danger.
In: Finance Magnates, 1. Januar 2021
www.financemagnates.com/cryptocurrency/news/chinas-cryptocurrency-mining-dominance-in-danger/

47 Adrian, Tobias; Weeks-Brown-Rhoda:
Krypto-Assets als nationale Währungen? Ein Schritt zu weit.
In: Blog des Internationalen Währungsfonds, 26. Juli 2021
blogs.imf.org/2021/07/26/crypto-assets-as-national-currency-a-step-too-far/

48 Canellis, David:
More than 60% of Ethereum nodes run in the cloud, mostly on Amazon Web Services.
In: thenextweb.com, 23. September 2019
thenextweb.com/news/ethereum-nodes-cloud-services-amazon-web-services-blockchain-hosted-decentralization

49 Webseite von #STOPEIP1559
abgerufen am 2. April 2021
stopeip1559.org

50 Kharif, Olga:
Crypto's Next Big Thing Raises Questions While the Price Surges.
In: Bloomberg, 14. März 2021
www.bloombergquint.com/technology/crypto-s-next-big-thing-raises-questions-while-the-price-surges

51 Cardano Foundation:
Goguen, Smart Contracts, abgerufen am 4. März 2021
roadmap.cardano.org/en/goguen

52 Ethereum AG:
Ethereum Whitepaper
ethereum.org/en/whitepaper/

53 Whitepaper von Ethereum, 2013
ethereum.org/en/whitepaper/; eigene Übersetzung

54 Buterin, Vitalik:
Launching the Ether Sale.
In: Ethereum Foundation, 22. Juli 2014
blog.ethereum.org/2014/07/22/launching-the-ether-sale/

55 CVVC:
CV VC Top 50 Report H2/2020, 28. Februar 2021
cvvc.com/application/files/2216/1555/4194/CV_VC_Top_50_Report_H2_2020.pdf, S. 16

56 Springer, Gudrun:
Elektronische Gesundheitsakte: 218.000 sind bisher ausgestiegen.
In: „Der Standard" online, 28. Juli 2015
mobil.derstandard.at/2000019812006/Elektronische-Gesundheitsakte-218-000-sind-bisher-ausgestiegen

57 Danzer, Andreas:
Die eigenen Gesundheitsdaten für Krypto-Coins verkaufen.
In: Der Standard, 15. Februar 2018
www.derstandard.at/story/2000074283427/elga-entwickler-ermoeglicht-tausch-krypto-coins-fuer-gesundheitsdaten

58 Schreier, Jürgen:
Gesundheitsdaten: Grapevine World schließt ICO erfolgreich ab.
In: Industry of Things, 15. Oktober 2018
www.industry-of-things.de/block-

chain-co-das-neueste-aus-der-krypto-szene-a-745827/

59 Grapevine Lightpaper, S. 4
query.prod.cms.rt.microsoft.com/cms/api/am/binary/RE36Lju

60 Newsbtc.com:
7 Reasons Why Grapevine ICO is a Promising Investment,
abgerufen am 2. März 2021
www.newsbtc.com/sponsored/7-reasons-why-grapevine-ico-is-a-promising-investment

61 Perlaki, Dominik:
Wiener Grapevine World: 30 Mio. Dollar Kapital trotz gescheitertem ICO?
In: Der Brutkasten, 27. August 2018
brutkasten.com/grapevine-world-ico

62 Fahrnberger, Walter:
NÖ-Firma Tiani Spirit als Türöffner für Events.
In: NÖN, 20. Januar 2021
www.noen.at/freizeit/gesund-leben/qr-code-nach-coronatest-noe-firma-tiani-spirit-als-tueroeff-ner-fuer-events-niederoesterreich-print-coronakrise-coronavirus-tiani-spirit-gmbh-qr-code-corona-test-corona-app-244039034#

63 Whitepaper der KaratGold Coin (KBC)
heruntergeladen am 2. Februar 2021
www.chainwhy.com/upload/default/20181009/8151ea6dc3bb50 0d0ac1ec6a4880bd5e.pdf, S. 2

64 Ebd., S. 3

65 Whitepaper der Karatcoinbank Coin (KCB)
globalunitedgroup.com/wp-content/uploads/2018/07/KaratCoinBank-Whitepaper.pdf, S.5

66 BaFin:
Karatbit Foundation:
BaFin ordnet Einstellung und Abwicklung des unerlaubten E-Geld-Geschäfts an, 11. November 2019
www.bafin.de/SharedDocs/Veroeffentlichungen/DE/Verbrauchermitteilung/unerlaubte/2019/meldung_191111_Karatbit_Foundation.htm

67 Blume, Jakob; Nagel, Lars-Marten:
Die Staatsanwaltschaft zweifelt an den Goldreserven der Karatbars-Gruppe.
In: Handelsblatt, 25. Juni 2020
www.handelsblatt.com/finanzen/maerkte/devisen-rohstoffe/dubioser-goldhaendler-die-staatsanwaltschaft-zweifelt-an-den-goldreserven-der-karatbars-gruppe/25945106.html

68 Whitepaper der V999 Coin
v999.gold//documents/v999-platform-white-paper.pdf, S. 3 ff.

69 Webseite von G999main.net
abgerufen am 3. Mai 2021
g999main.net/contact

70 Stiftung Warentest:
Fragwürdiges Angebot mit Krypto-Coin G999, 16. Februar 2021
www.test.de/GSB-Gold-Standard-Banking-Corporation-Fragwuerdiges-Angebot-mit-Krypto-Coin-G999-5714127-0/

71 Youtube Video von Harald Seiz vom 28. Dezember 2020
www.youtube.com/watch?v=RiTNXLV2Shc

72 Bundesministerium für Finanzen (Deutschland):
Erste Nationale Risikoanalyse 2018/2019, S. 114
www.bundesfinanzministerium.de/Content/DE/Downloads/Broschueren_Bestellservice/2019-10-19-erste-nationale-risikoanalyse_2018-2019.pdf?__blob=publicationFile&v=7

73 Webseite der Wasabi Wallet
wasabiwallet.io

74 Bundesministerium für Finanzen (Deutschland):
Arbeitsentwurf zur Kryptowertetransferverordnung, 11.5.2021, S. 11 ff.
www.bundesfinanzministerium.de/Content/DE/Gesetzestexte/Gesetze_Gesetzesvorhaben/Abteilungen/Abteilung_VII/19_Legislaturperiode/2021-05-26-Kryptowertetransfer-Verordnung/1-Referentenentwurf.pdf?__blob=publicationFile&v=3

75 CFTC:
Federal Court Orders UK Man to Pay More Than $571 Million for Operating Fraudulent Bitcoin Trading Scheme, 26. März 2021
www.cftc.gov/PressRoom/PressReleases/8371-21

76 Ahmann, Timothy:
U.S. Court orders British man to pay more than $571 million over bitcoin fraud.
In: reuters.com, 26. März 2021
www.reuters.com/business/finance/us-court-orders-british-man-pay-more-than-571-million-over-bitcoin-fraud-2021-03-26/

77 Webseite von „EXW Ecosystem"
abgerufen am 25. März 2021
www.exw-ecosystem.com

78 Whitepaper des EXW Token:
erstellt am 1. August 2019, S. 16
www.exw-wallet.com/wp-content/uploads/2019/07/Whitepaper-EXW-072019.pdf

79 Webseite von Etherscan www.etherscan.io
Abfrage in www.etherscan.io am 15. August 2021

80 Webseite der MP11 LLC in den Vereinigten Arabischen Emiraten
www.mp11.xyz

81 Telegram Channel EXW Official
Newsletter vom 24. Mai 2021, S. 1

82 FINMA:
Warnliste. Eintrag für die Firma Vivaexchange OÜ,
abgerufen am 1. März 2021
www.finma.ch/de/finma-public/warnliste/vivaexchange-ou-exw/

83 CNMV:
CNMV issues warning to the public on unregistered firm,
13. Oktober 2020
www.cnmv.es/Portal/verDoc.axd?t={2f60238b-19c6-4458-896b-31c3c35308da}

84 Securities and Exchange Commission of Thailand:
SEC public warning of solicitation for investment in digital assets,
Nr. 28/2020, 18. Februar 2020
www.sec.or.th/EN/Pages/News_Detail.aspx?SECID=8166

85 Williams, Brian:
Benjamin Herzog Has A Valid Reason On Why He Chose To Venture Into Multiple Businesses In The Last 3 Years!
In: The Open News, 5. Februar 2020
www.openthenews.com/benjamin-herzog-has-a-valid-reason-on-why-he-chose-to-venture-into-multiple-businesses-in-the-last-3-years

86 Webseite von WithheldforPrivacy.com
withheldforprivacy.com

87 Beltrame, Justin:
Alois Köhle: Austrian Entrepreneur Educating People About Online Marketing.
In: The Open News, 14. Februar 2020
www.openthenews.com/alois-kohle-austrian-entrepreneur-educating-people-about-online-marketing

88 Stewart, Robert:
Implementing on Ideas and hustling hard is key to success, and the best example is young Entrepreneur Andreas Vezonik.

In: The Open News, 9. April 2020
www.openthenews.com/implementing-on-ideas-and-hustling-hard-is-key-to-success-and-the-best-example-is-young-entrepreneur-andreas-vezonik/

89 Klausner, Fritz:
Benjamin Herzog – Is the Austrian entrepreneur planning a new fashion brand?
In: Verna Magazine, 11. Februar 2020
www.vernamagazine.com/2020/02/11/benjamin-herzog-is-the-austrian-entrepreneur-planning-a-new-fashion-brand/

90 Donohue, Josh:
A Sneak Peek Into The Journey Of Alois Köhle Becoming A Top Online Marketer In Austria!
In: Verna Magazine, 11. Februar 2020
www.vernamagazine.com/2020/02/11/a-sneak-peek-into-the-journey-of-alois-kohle-becoming-a-top-online-marketer-in-austria/

91 Donohue, Josh:
Andreas Vezonik Budding Entrepreneur is shining high in Europe with Transfera and VolumeX,
In: Verna Magazine, 7. April 2020
www.vernamagazine.com/2020/04/07/andreas-vezonik-budding-entrepreneur-is-shining-high-in-europe-with-transfera-and-volumex/

92 Cendrowski, Howard:
After Making Multiple Investments, Austrian Entrepreneur Benjamin Herzog To Launch His Own Fashion Brand?.
In: Coverage Log, 26. Februar 2020
www.coveragelog.com/after-making-multiple-investments-austrian-entrepreneur-benjamin-herzog-to-launch-his-own-fashion-brand/

93 Webseite von WithheldforPrivacy.com
withheldforprivacy.com

94 Rhonheimer, Gloria:
Benjamin Herzog Sets His Throne In The Entrepreneurial World At A Very Young Age Of 23, 16. März 2020
www.allnewsbuzz.com/benjamin-herzog-how-a-young-23-year-old-capture-the-entrepreneurial-world

95 Mulligan, Greg:
Benjamin Herzog's Story Of Being An Entrepreneur At 23, Says "Never Rely Only On One Business Venture".
In: Broadcast Cover, 12. April 2020
www.broadcastcover.com/benjamin-herzogs-story-of-being-an-entrepreneur-at-23-says-never-rely-only-on-one-business-venture/

96 Webseite von WithheldforPrivacy.com
withheldforprivacy.com

97 Vorstellung von xcoinx auf Facebook
12. November 2016
fb.watch/5hrq41Hjm0/

98 Madeira, Antonio:
OneCoin: Detaillierter Einblick in das berüchtigte Krypto-Schneeballsystem.
In: Cointelegraph, 2. September 2020
de.cointelegraph.com/news/onecoin-a-deep-dive-into-crypto-s-most-notorious-ponzi-scheme

99 Marson, James:
OneCoin Took In Billions. Then Its Leader Vanished.
In: Wallstreet Journal, 27. August 2020
www.wsj.com/articles/onecoin-took-in-billions-then-its-leader-vanished-11598520601

100 Steves, Rick:
Lawsuit reveals Onecoin scammer "Cryptoqueen" holds 230.000 BTC worth $13 billion. In: Financefeeds, 13. Mai 2021
financefeeds.com/lawsuit-reveals-onecoin-scammer-cryptoqueen-holds-230000-btc-worth-13-billion

101 Webseite von Rechtsanwalt Jonathan Levy
Klagsvorbringen am Obersten Gerichtshof des British-Indian-Ocean-Territory, S. 1 ff.
www.jlevy.co/wp-content/uploads/2021/05/OneCoinICOIO.pdf

102 Tusani Tupufia, Lanuola:
A.G. declares conflict of interest in OneCoin investigation.
In: Samoa Observer, 6. Juli 2019
www.samoaobserver.ws/category/samoa/45105

103 Dealshaker:
Angebot eines kolumbianischen Smaragds
www.dealshaker.com/de/deal/60-discount-coupon-to-the-price-of-goods-100-one-natural-emerald-colombia-for-jewelry-dimensions-27-00-27-00-20-00-mm-carat-weight-86-15-ct-dagestan-r/iuwM62LAhjvCy9MqNPrOMX1CgrQYMo*VYCDwoWoMKOk~

104 Hendrix, Cecilia:
6 fascinating things about Western Union's history, 8. Oktober 2009
www.westernunion.com/blog/6-fascinating-things-about-western-unions-history/

105 Russland.capital:
Cyberangriff auf GLOBEX Bank: Kriminelle hacken mittels SWIFT-Netzwerk, 20. Dezember 2017
www.russland.capital/cyberangriff-auf-globex-bank-kriminelle-hacken-mittels-swift-netzwerk

106 Russische Zentralbank:
Liste von Banken am SPFS-System, 25. Februar 2021
www.cbr.ru/PSystem/mes/perechen-pol-zovateley-spfs-banka-rossii

107 Ranjipour, Ali:
Could "Russian SWIFT" Really Help Iran Dodge Sanctions?
In: Iranwire, 15. Juli 2020
iranwire.com/en/features/7310; eigene Übersetzung

108 Mestermann, Marius:
Blitzschnelle Zahlungen, blitzschnelle Kampagnen: VISA.
In: Börse am Sonntag, 14. Juni 2014
www.boerse-am-sonntag.de/artikel/blitzschnelle-zahlungen-blitzschnelle-kampagnen-5803.html

109 Statistiken über den bargeldlosen Zahlungsverkehr
www.kreditkarte.net

110 Adyen – Preise
www.adyen.com/de_DE/preise?navItem=europe

111 Enlyft: Market share of Online Payment Products, 20. Februar 2021
enlyft.com/tech/online-payment

112 Vgl. Stripe – Payments
stripe.com/at/payments

113 Lunden, Ingrid:
Elavon to acquire Sage Pay, a gateway that competes with Stripe, PayPal and Adyen, for $300M, 18. November 2019
techcrunch.com/2019/11/18/elavon-to-acquire-sage-pay-a-gateway-that-competes-with-stripe-paypal-and-adyen-for-300

114 Richtel, Matt; Schwartz, John:
Credit Cards Seek New Fees on Web's Demimonde, 18. November 2002
www.nytimes.com/2002/11/18/business/credit-cards-seek-new-fees-on-web-s-demimonde.html; eigene Übersetzung

115 US House of Representatives:
Subcommittee on oversight of investigations of the committee on financial services. Following the money: How Human Traffickers exploit U.S. financial markets, 30. Januar 2018, S. 37 ff.

116 Webseite von CCBill, abgerufen am 1. Februar 2021

ccbill.com/industries/adult-business; eigene Übersetzung

117 Forbes Magazine:
Internet Porn gets a new banker, 27. September 2004
www.forbes.com/2004/09/27/cz_sl_0927ibill.html?sh=62cb91e24fcc

118 US House of Representatives, S. 32

119 Kurier:
Gigantischer Fall von Geldwäsche aufgedeckt, 29. Mai 2013
kurier.at/wirtschaft/liberty-reserve-gigantischer-fall-von-geldwaesche-aufgedeckt-auch-in-oesterreich/14.079.236

120 US-Justizministerium:
Liberty Reserve Founder Arthur Budovsky Sentenced In Manhattan Federal Court To 20 Years, 6. Mai 2016
www.justice.gov/usao-sdny/pr/liberty-reserve-founder-arthur-budovsky-sentenced-manhattan-federal-court-20-years; eigene Übersetzung

121 welivesecurity.com:
Cybercriminals turn to Perfect Money after Liberty Reserve takedown
www.welivesecurity.com/2013/08/12/cybercriminals-turn-to-perfect-money-after-liberty-reserve-takedown/

122 Flitter, Emily:
Hackers switch to new digital currency after Liberty Reserve.
In: NBC News, 13. August 2013
www.nbcnews.com/technology/hackers-switch-new-digital-currency-after-liberty-reserve-6C10883530

123 BaFin:
Wirecard AG: Allgemeinverfügung zum Verbot der Begründung und Vergrößerung von Netto-Leerverkaufspositionen, 18. Februar 2019
www.bafin.de/SharedDocs/Veroeffentlichungen/DE/Meldung/2019/meldung_190218_Allg_Vfg_Wirecard_Verbot_Leerverkaufspositionen.html

124 Der Standard:
Yline-Prozess endet nach 14 Jahren mit Freisprüchen, 17. Dezember 2015
www.derstandard.at/story/2000027664330/causa-yline-nach-14-jahren-im-zieleinlauf; eigene Übersetzung

125 Initiative zur Bekämpfung von Cyberkriminalität an Konsumenten und Kleinanlegern in Europa:
(EFRI European Funds Recovery Initiative), ZVR-Zahl 1493630560, Sitz in der Eichenstraße 28, 2102 Bisamberg, Österreich; gegründet am 25. Mai 2020

126 Webseite von www.fintelegram.com

127 Kaleta, Philipp; Petersen, Lars:
Betrugsvorwürfe gegen Wirecard: Angebliche Anlegerschützer selbst unter Verdacht,
In: Business Insider, 4. April 2020
www.businessinsider.de/wirtschaft/finanzen/betrugsvorwuerfe-gegen-Wirecard-angebliche-anlegerschuetzer-selbst-unter-verdacht

128 Oberster Gerichtshof von Ontario:
Verfahren Arend v. Boehm, 2017 ONSC 3582 (CanLII), Paragraph 82, 14. November 2017;
eigene Übersetzung
www.canlii.org/en/on/onsc/doc/2017/2017onsc3582/2017onsc3582.html

129 Kaleta, Philipp; Petersen, Lars:
Betrugsvorwürfe gegen Wirecard: Angebliche Anlegerschützer selbst unter Verdacht,
In: Business Insider, 4. April 2020
www.businessinsider.de/wirtschaft/finanzen/betrugsvorwuerfe-gegen-Wirecard-angebliche-

anlegerschuetzer-selbst-unter-verdacht/

130 Wirecard:
Geschäftsbericht 2007, S. 41
ir.Wirecard.com/download/companies/Wirecard/Annual%20Reports/DE0007472060-JA-2007-EQ-D-01.pdf

131 Teletrader:
Wirecard AG plans o acquire XCOM Bank AG
www.teletrader.com/wire-card-ag-plans-to-acquire-xcom-bank-ag/news/details/2190273?internal=1

132 APA OTS:
Wirecard: Einfach überall bezahlen, 28.März 2007
www.ots.at/presseaussendung/OTS_20070328_OTS0014/Wirecard-einfach-ueberall-bezahlen

133 Straub, Nicola:
Checkliste: Die Auswahl eines Kreditkarten-Akquirers, 2. März 2011
www.shopanbieter.de/4327-checkliste-auswahl-eines-kreditkarten-akquirers

134 US Justizministerium:
Two Architects Of Fraudulent Scheme Sentenced For Processing Over $150 Million Through U.S. Financial Institutions, 21. Juni 2021
www.justice.gov/usao-sdny/pr/two-architects-fraudulent-scheme-sentenced-processing-over-150-million-through-us

135 Pressetext Austria:
Wirecard digitalisiert Bezahlservice für den Öffentlichen Sektor in Österreich zusammen mit sendhybrid, 6. Dezember 2017
www.pressetext.com/news/Wirecard-digitalisiert-bezahlservice-fuer-den-ffentlichen-sektor-in-sterreich-zusammen-mit-sendhybrid.html

136 E-Mail von Mag. Ingeborg Gratzer, Pressesprecherin der Österreichischen Post AG
1. April 2021

137 APA OTS:
Wirecard und Raiffeisen Bank International bieten umfangreiche Finanzdienstleistungen aus einer Hand in Zentral- und Osteuropa, 19. Februar 2020
www.ots.at/presseaussendung/OTS_20200219_OTS0005/Wirecard-und-raiffeisen-bank-international-bieten-umfangreiche-finanzdienstleistungen-aus-einer-hand-in-zentral-und-osteuropa

138 Vgl. Magee, Tamlin (2018)

139 Europäisches Parlament:
Gemeinsame Antwort von Herrn Avramopoulos im Namen der Europäischen Kommission. Schriftliche Anfragen: E-005730/18 , P-005883/18 , E-005793/18 , E-005637/18 , P-005890/18 , E-005945/18, 12. Februar 2019
www.europarl.europa.eu/doceo/document/E-8-2018-005637-ASW_DE.html

140 Malichudis, Stavros:
The profit banks earn from the refugee crisis - in numbers, 9. Oktober 2019
wearesolomon.com/mag/on-the-move/the-profit-banks-earn-from-the-refugee-crisis-in-numbers

141 Europäisches Parlament:
Gemeinsame Antwort von Herrn Avramopoulos im Namen der Europäischen Kommission. Schriftliche Anfragen: E-005730/18, P-005883/18 , E-005793/18, E-005637/18, P-005890/18, E-005945/18, 12. Februar 2019

142 Anhang „Digitale Flüchtlingskarte - 25.10.2019.docx"
zum E-Mail von U. B. an Jan Marsalek und andere vom 1. November 2019, 09:32

143 ebd.

144 Bojin, Daniel; Mako, Stefan; Poenariu, Ana:
Madagascar Beach Resort Built with Black Money from Romania.
In: OCCRP, 16. Januar 2018
www.occrp.org/en/investigations/7504-madagascar-beach-resort-built-with-black-money-from-romania

145 Interpol:
Red Notice für Jan Marsalek, 2. Juli 2021
www.interpol.int/en/How-we-work/Notices/View-Red-Notices#2020-45128

146 Fields, Cory:
Responsible disclosure in the era of cryptocurrencies, 10. August 2018
medium.com/mit-media-lab-digital-currency-initiative/http-cory-fields-com-cash-48a99b85aad4

147 Kuhn, Daniel:
An Interview With Chainlink's Sergey Nazarov.
In: Coindesk, 21. Mai 2021
www.coindesk.com/consensus-interview-chainlink-sergey-nazarov

148 Metz, Cade:
An Algorithm to Make Online Currency as Trustworthy as Cash, 4. August 2015
www.wired.com/2015/04/stanford-prof-builds-algorithm-internet-money

149 Explica.co:
Cryptocurrency: Filecoin (FIL) NFT storage platform goes live, 6. Juni 2021
www.explica.co/cryptocurrency-filecoin-fil-nft-storage-platform-goes-live.html

150 IOTA Stiftung:
IOTA - A new dawn, 5. Februar 2021
blog.iota.org/iota-chrysalis-a-new-dawn/

151 Waidmann, Leon:
BMW testet Prämienplattform: Blockchain-Technologie vor dem Durchbruch in Korea?
In: btc-echo, 8. Oktober 2020
www.btc-echo.de/news/bmw-testet-praemienplattform-blockchain-technologie-vor-dem-durchbruch-in-korea-101094/

152 Huillet, Marie:
IOTA-Blockchain verfolgt Corona-Testergebnisse am Frankfurter Flughafen.
In: Cointelegraph, 11. Januar 2021
de.cointelegraph.com/news/iota-blockchain-used-to-track-covid-19-test-results-at-frankfurt-airport

153 EUROPOL:
Internet Organised Crime Threat Assessment 2019, S. 59

154 Mett, Matthias:
Südafrika: Kryptowährung ETN für die Massen.
In: heise.de, 16. April 2020
www.heise.de/newsticker/meldung/Suedafrika-Krypto-waehrung-ETN-fuer-die-Massen-4702082.html

155 Healy, Will:
3 Reasons Square Is Just Getting Started.
In: The Motley Fool, 30. März 2021
www.fool.com/investing/2021/03/30/3-reasons-square-is-just-getting-started/

156 De León, Riley:
Stripe raises new capital, reaching $95 billion valuation ahead of highly anticipated market debut.
In: CNBC, 14. März 2021
www.cnbc.com/2021/03/14/stripe-valued-at-95-billion-in-600-million-funding-round.html

157 Levy, Ari; Rooney, Kate:
Coinbase estimates Q1 revenue jumped nine-fold to about $1.8 billion ahead of public market debut.

In: CNBC, 6. April 2021
www.cnbc.com/2021/04/06/coinbase-reports-estimated-q1-revenue-of-1point8-billion-up-nine-fold.html

158 Son, Hugh:
Chime is now worth $14.5 billion, surging past Robinhood as the most valuable U.S. consumer fintech.
In: CNBC, 18. September 2020
www.cnbc.com/2020/09/18/chime-is-now-worth-14point5-billion-surging-past-robinhood-as-the-most-valuable-us-consumer-fintech-.html

– 12.1. –

Abbildungsverzeichnis

Abbildung 1:
https://www.thetimes.co.uk/article/top-law-firm-advised-scam-queen-ruja-ignatova-kxzl7zw6d, Screenshot, zuletzt abgerufen 28. August 2021

Abbildung 2:
https://www.dailymail.co.uk/news/article-7668405/Inside-hunt-cryptocurrency-fraudster-vanished-without-trace.html, Screenshot, zuletzt abgerufen 28. August 2021

Abbildung 3:
https://www.charterworld.com/index.html?sub=yacht-charter&charter=motor-yacht-lady-s-ex-lady-anne-pb-9801, Screenshot, zuletzt abgerufen 28. August 2021

Abbildung 4:
Ex-Wirecard-Vorstandsvorsitzender Markus Braun; picturedesk/Matthias Schrader

Abbildung 5:
Bundeskriminalamt; Polizeiliche Kriminalstatistik 2019. Grundtabelle ohne Tatortverteilung.

Abbildung 6:
https://www.coinbase.com/de/price/petrodollar,
zuletzt abgerufen 28. August 2021

Abbildung 7:
Erste Bank

Abbildung 8:
https://bitnodes.io/, Screenshot, zuletzt abgerufen 28. August 2021

Abbildung 9:
https://cbeci.org/mining_map, Screenshot,
zuletzt abgerufen 28. August 2021

Abbildung 10:
CV VC Insights: Top 50 Report H2/20; S. 22;
Download am 28. August 2021

Abbildung 11:
CV VC Insights: Top 50 Report H2/20; S. 21;
Download am 28. August 2021

Abbildung 12:
http://www.newsbtc.com/sponsored/7-reasons-why-grapevine-ico-is-a-promising-investment/, Screenshot,
zuletzt abgerufen 28. August 2021

Abbildung 13:
https://www.facebook.com/grapevineworld/photos/a.1944161362279272/4412112632150787/, Screenshot,
zuletzt abgerufen 28. August 2021

Abbildung 14:
V999 White Paper; Screenshot;
Download am 28. August 2021

Abbildung 15:
https://www.gold4success.com/exw-en/, Screenshot,
zuletzt abgerufen 1. September 2021

Abbildung 16:
Telegram-Announcement von EXW über Anteilsverkauf; Screenshot,
zuletzt abgerufen 28. August 2021

Abbildung 17:
https://www.openthenews.com/benjamin-herzog-has-a-valid-reason-on-why-he-chose-to-venture-into-multiple-businesses-in-the-last-3-years/, Screenshot, zuletzt abgerufen 28. August 2021

Abbildung 18:
https://www.vernamagazine.com/2020/02/11/benjamin-herzog-is-the-austrian-entrepreneur-planning-a-new-fashion-brand/, Screenshot, zuletzt abgerufen 28. August 2021

Abbildung 19:
https://www.coveragelog.com/after-making-multiple-investments-austrian-entrepreneur-benjamin-herzog-to-launch-his-own-fashion-brand/, Screenshot, zuletzt abgerufen 28. August 2021

Abbildung 20:
https://www.broadcastcover.com/benjamin-herzog-sets-his-throne-in-the-entrepreneurial-world-at-a-very-young-age-of-23/, Screenshot, zuletzt abgerufen 28. August 2021

Abbildung 21:
https://coin-ratgeber.de/onecoin-scam-scam-drahtzieher/, Screenshot, zuletzt abgerufen 28. August 2021

Abbildung 22:
https://www.facebook.com/watch/?v=1677074109250415&ref=sharing, Screenshot,
zuletzt abgerufen 1. September 2021

Abbildung 23:
https://www.youtube.com/watch?v=638_Jpp2Rq8, Screenshot, zuletzt abgerufen 28. August 2021

Abbildung 24:
https://behindmlm.com/companies/onecoin/kuwait-linked-onecoin-ruja-ignatova-to-terrorist-groups/, zuletzt abgerufen 28. August 2021

Abbildung 25:
https://www.skadate.com/, Screenshots,
zuletzt abgerufen 28. August 2021

Abbildung 26:
https://www.unhcr.org/5b2cfa1f7.pdf, Screenshot, zuletzt abgerufen 28. August 2021

Abbildung 27:
https://www.interpol.int/How-we-work/Notices/View-Red-Notices#2020-45128,
zuletzt abgerufen 28. August 2021

Abbildung 28:
Karin Desmarowitz

www.kremayr-scheriau.at

ISBN 978-3-218-01278-2

Schutzumschlaggestaltung: Sophie Gudenus, unter Verwendung einer Grafik von Ryzhi / shutterstock.com
Satz und typografische Gestaltung: Danica Schlosser
Lektorat: Lucia Marjanovic
Druck und Bindung: GGP Media GmbH Pößneck